まとめ上げる力

安齋竜三

藤井洋子 構成

TOYOKAN BOOKS

目次 contents

はじめに 6

第1章 人の心をつかむ

全員が平等。特別な人間をつくらない 14
叱るときは個人的に叱り、褒めるときはみんなの前で褒める 21
意識向上のため「役割」を持たせその結果をしっかり評価して伝える 25
特に注意深く観察しているのはベンチで試合を見ている選手の様子 30
大切にしてきたのは「逆転の発想」。「当たり前」を一度疑ってみる 34

第2章

強く、愛されるチームをつくる

組織の哲学はいかに浸透したか？ 38
BREX MENTALITYは田臥勇太抜きには語れない 46
「好き」が根底にあると逆境に強い 53
強いチーム（良いチームワーク）とは「自己犠牲とそれを評価できる組織」 57
組織全体が同じ方向を向きうまくいかないときは補い合う 64

第3章

失敗が人を強くする

培われた「努力する才能」 68

運命を変えた人物たちとの出会い 73
後悔を胸に前進を模索する日々 81
マイナスな発言を一切しない、田臥勇太の本当のすごさ 88
いかに関係性が構築できるか？ 大事にしたい〝人とのつながり〟 96

第4章 コーチングの哲学

やるんだったら、突き抜けてやる 102
選手を育てるには、役割を与え後押ししながら一緒に取り組む 108
提案したプレーが採用されて結果を出すことでつかんだ自信 113

関係性さえ構築できていれば
板挟みになって苦しむことはない 117
やるべきことをやってから
自分の意見を言うようにする 120
映像を使って現実を直視させる 125
優勝はあくまでも結果論。
大事にしたいのはプロセス 132
ヘッドコーチとしての苦悩との向き合い方 136
応援されるチームになって、勝つ 141
「厳しさ」があってこその「自由」 145
使いたいのは「うまい選手」よりも
チームの方針に沿って頑張れる選手 150
自身の役割を受け入れて全うできる
人間が多いほど結束力は増していく 156

第5章

新たなる野望

「どこで仕事をするか」より「誰と仕事をするか」が重要 162
ただ単に勝利を目指すのではなくカルチャーをつくり上げることが大事 168
プロセスを大切にしているチームは勝利から遠ざかっても人が離れない 177
「この人と一緒に仕事がしたい」と思ってもらえるようなコーチに 181
おわりに 186

はじめに

チームのまとまりが欠けている。

自分の指導法は間違っているのではないだろうか。

そんなことを考えたことはないだろうか。

なかなか目に見える成果が出ず、信じて貫いてきた指導法や組織をまとめる手法に、ふと疑問を持ってしまうことは誰にでもあることだ。

この本は、そうした疑問にぶつかったとき、参考にしてほしい事柄を実例を交えて紹介している。


「お前はコーチに向いている」

最初にこう言ってくれたのは、大学時代の森下義仁監督だった。当時は、こう言われてもあまりピンとこなかったのだが、その後の人生で出会った何人かの人からも同じことを言われるようになり、いつしか自分でもそんな気がしてきたから不思議である。

プロバスケットボール選手を引退し、アシスタントコーチ（AC）になったのは2013年、33歳のときだった。

ACを4年経験したのち、ヘッドコーチ（HC）を5年務め、その間、それぞれの立場で1度ずつ、合計3度「日本一」を勝ち取ることができた。

そもそもコーチを目指そうと思ったのは、森下監督に「考えてバスケットをすること」を教わったことがきっかけだった。

元々、僕は感覚的にバスケットをするというタイプではなく、頭を使ってプレーすることが好きだったこともあり、監督にこう言われたことで、よりそうしたことを意識するようになっていった。自分の中では、トップまでいけるような選手ではないということもわかっていたので、選手になってから結構早い段階でセカンドキャリアを考えるようになった。

僕が長く在籍していた宇都宮ブレックス（当時は栃木ブレックス）は、2009－10シーズンにJBLで優勝を果たすのだが、その後3シーズンは低迷して、プレーオフに出場できない状態が続いた。

僕自身も選手としての限界を感じてきた時期で、その辺りから真剣に指導者の道を考えるようになった。というか、どちらかというと、そっちの道（指導者）の方が向いているのではないかと、うすうす感じていた。

国内バスケット界では、ちょうどその頃からコーチライセンス取得のための研修がスタートしており、タイミング良く最初の研修に参加させてもらうことができた。確か、この研修に選手という立場で参加したのは、僕ともう1人だけ。選手2人だけだったが、現役のコーチたちに交じって、いろいろと学ばせていただいた。

僕がなぜ「指導者に向いている」と言われたのかを自分になりに推察してみると、「自分自身のことを理解している」ということと、やはり「考えてバスケットをすること」が好きだったという点が大きいように思う。

そこに、もう一つ加えるならば「人との関係性のつくり方」が、独特だったのではないかと思っている。

キャプテンシーがあるかどうかは別にして、僕は小学生のときから全カテゴリーでキャプテンを任されてきたので、いつも「チームをどうまとめるか」という点を考えて行動してきた。周りから煙たがられているような人や少し変わった人でも距離を置くことはせず、自分から近づいていくことが多かった。むしろ、あの人は何を考えているのかなと想像することが楽しくて、自分からその人と関わろうとした。

元来、僕は人と関わることが苦ではない性格なのだ。

これまでに出会った人の中には、偉そうな振る舞いをする人や、あまり気が合わなそうだなと思うような人もいたが、そういう人からでも声が掛かれば飲みに行く。チャンスがあれば関わろうという気持ちになる。この、「人を遮断しないで深堀りする」という僕の性格が、チームをまとめることにつながっていたのかもしれない。

また、僕は自分のことをどこか俯瞰《ふかん》で見ているようなところがあり、僕は僕の人生を「面白い」と感じている。

大学を卒業した後、プロバスケットボール選手になることができず、一度、社会人になった。会社で営業マンとして働き、社会の厳しさを味わいながら実業団でバスケットボールを続けたが、プロになることが諦めきれずにもがく中で、人との出会いやタイミング、運などが重なり、念願のプロバスケットボール選手になることができた。

選手を引退した後は、ＡＣ、ＨＣを歴任。光栄なことに、それぞれの立場で優勝を叶えることができた。

これは、僕自身の力というよりも、周りの人たちのおかげだと思っている。素晴らしい実績と経験のあるコーチ陣と接することで教えていただいたことは数えきれないし、そうしたコーチ陣を見て、自分なりのコーチ像を確立していくこともできた。

ちなみに、僕に「お前はコーチに向いている」と言った森下監督は、今でもたまにお酒を飲むことがあるが、最近は「お前はいいコーチになったよ」「お前のやっているバスケットはいいね」と褒めてくれて、なんだかこそばゆい気持ちになる。でも、同じコーチという立場の人に認めてもらえるのは純粋にとても嬉しいし、それが自信にもつながっている。

僕のような経験をしている人間は、恐らくバスケットボール界ではかなり珍しいのではないかと思う。

僕自身、いろいろな立場を経験したことで得たことが大きいと感じている。かなり遠回りをしたおかげで、さまざまな景色を見て、さまざまなことを感じることができた。

例えば、会社員の気持ち。アスリートの気持ち、下っ端の人材の気持ち、中間管理職の気持ち、それから、組織のトップの気持ちも理解できるようになった。今では、こうした経験が僕の財産になっている。

そうやってさまざまな立場を経て学んだこと、僕の経験や考え方、失敗や挫折などを、この本にはできるだけ正直に書かせてもらった。だからきっと、スポーツチームをまとめ上げる立場にいる方だけでなく、会社や組織を統括する立場にいる方にとっても、もちろんそれ以外の方にとっても、少なからず参考になる部分があるのではないかと思う。

とにかく堅苦しいことは抜きにして、「こんな生き方もあるんだ」「こういうチームのまとめ方もあるんだ」と、少しでもあなたのヒントになることがあれば嬉しく思う。そうして、あなたの立場に置き換えて、活用できるものがあればどんどん活用してほしい。

安齋竜三

［装 丁］
三森 健太
（JUNGLE）

［本文デザイン・DTP］
広谷 紗野夏

［協 力］
越谷アルファーズ
宇都宮ブレックス

［カバー写真］
佐藤 博之

［校 正］
東京出版サービスセンター

［編集協力］
鈴木 康浩

［編 集］
吉村 洋人

第1章

人の心をつかむ

全員が平等。特別な人間をつくらない

僕がヘッドコーチ（HC）に就任した際、心に決めたことがある。一つは、「依怙《えこ》贔屓《ひいき》をしない」こと。もう一つは、「個人的な批判をしない」ことだ。

バスケットボールというスポーツは、何度でもメンバーチェンジが可能という特質がある。当然、選手としての目標は試合開始時にコートに立つ5人、いわゆる「スタメン（スターティングメンバー）」に選ばれることだが、サッカーのようにメンバーチェンジの人数に限りがあるスポーツと違い、「ベンチメンバー」と呼ばれる控え選手の方が、結果的にスタメンよりもプレータイムが長くなることもある。そのため、「いかに多くのプレータイムを獲得するか」ということが、「スタメンになること」の次の目標になることが多い。

例えば、スタメンの5人がチームのルールを守れなかったり、試合序盤であっという間に点差をつけられてしまったとしよう。そうしたとき、僕はメンバーチェンジで一気に5人全員を替えたりもした。就任当時は、僕がどういうコーチなのかを選手たちに示さなければいけないと思っていたからだ。

僕は、「やるべきことをやっていない選手は、誰であれ躊躇《ちゅうちょ》なく交代する」というポリシーがあり、それは長くチームを支えてきた選手だろうが、実績のある外国籍選手だろうが、スーパースター田臥勇太だろうが、全員同じ。「依怙贔屓をしない」ということは、別の言い方をすれば、「特別な人をつくらない」ということであり、「全員が平等である」ということだ。同時に、それはその時点でコートに立てていない選手にとって、プレータイムを獲得するための一つの指標になるだろうと考えていた。

僕がHCを務めていた「宇都宮ブレックス」では、こうしてベンチに下げられた選手が、試合後に理由を聞きに来ることもあった。チームの主力として活躍していた外国籍選手のライアン・ロシター（現・アルバルク東京）は、よく僕のところに話をしに来た選手の1人だ。

彼は、ずっとこのチームを率いてきたという自負があるだろうし、急にプレータイムを減らしたり、後半のスタートから外すようなときは、本来は会話を持ってからの方がいいだろうと思っていたのだが、試合中にそんなことを話している時間はなく、その日はあまりコミュニケーションを取らずに交代の指示をした。すると試合後に彼が僕の所に来て、「あそこでもうちょっと僕を長く使ってくれたら、勝つ確率が上がったんじゃないかと思っている」と言ってきたのだ。

僕は「確かにその可能性はある。でも、そこで出したことによって試合の終盤で疲れてパフォーマンスが落ちてしまうと、それこそ負けにつながるから」と説明した。チームの勝敗に関してはHCが責任を取るという考え方なので、「総合的に考えるのは僕の仕事だから、最終的には僕の判断で決める。結果については僕が責任を取るから」と話し、納得してもらった。

2018－19シーズン途中には、比江島慎《まこと》という選手が入団した。慎は、日本代表でも主力として活躍するエースで、彼がブレックスに入団すると発表されたときは、バスケット界を賑わす大きなニュースになった。

メディアやファンの方たちは、彼の新しい挑戦を楽しみにしていたことだろう。当然、彼がスタート出場すると疑いも持っていなかったようだが、僕は彼にスタートを任せることはなかった。そのことについて、当時はさまざまなメディアから質問を受けた。もしかすると、運営会社としても彼をスタートで使ってほしいという思いがあったのかもしれないが、僕自身いろいろと考えた結果、その判断には辿り着かなかった。

慎をスタートで起用しなかった理由は二つある。一つは、慎のディフェンス力がチームのレベルに達していなかったこと。もう一つは、シーズンの途中合流であったことだ。チームがうまく回っているときに、それを変えてまで彼をスタートで出す必要性があるとは、当時の僕には思えなかった。

ブレックスに加入当初の慎はどちらかというとオフェンシブな選手で、ドライブ、パス、シュートとどれをとっても素晴らしい能力の持ち主だったが、唯一「伸びしろ」と思えたのが、ディフェンスだった。「ディフェンス力を伸ばすためにこのチームを選んで入団した」と彼自身が語るほど、ブレックスは「ディフェンスを主軸にしたチーム」ということが定着していた。

慎がチームに加わり、最初の練習で彼のプレーを見たとき、お世辞にもディフェンスのうまい選手とは言えなかった。ブレックスのディフェンスは、そのときにコートに立つメンバー全員が連動して動くことで成立するスタイルのため、誰か1人でも迷ったり判断が遅れたりしてしまうと全てに影響が及んでしまう。そこから一気に相手チームに攻められる恐れもあり、シーズン途中で加入した彼を、いきなりスタートで出すことによるマイナス面を考えての判断だったのだが、当然、彼は納得できないだろうということもわかっていた。

そこで慎本人に、「スタートで出たいなら、まずは今スタートで出ているメンバーを全ての面で超えてほしい」と話した。「練習や試合で慎の力を示してくれれば、みんなが納得するから」と。

しかし、ほかの選手たちを全ての面で凌駕《りょうが》するようなプレーを見せてくれたとは言い難かったため、結局その判断を覆すことはなかった。「どんな選手も特別扱いしない」というコーチングの理念がある以上、僕は慎をスタートで使うことはせず、結局そのシーズンはそのまま終了した。

僕は常に、「誰か」ではなく「チーム」を基本に置いて判断する。チームのために、我慢してもらうべきところは我慢してもらう。それは、スター選手でも変わらない。そうした考えを変えることはできなかったし、これからもそうしたポリシーは貫いていきたいと思っている。

ただ、幼い頃からスター街道を歩いてきた彼にとっては、疑問や悔しい感情もあったかもしれない。僕自身も、彼を憎らしくてそうしたわけでは決してないし、彼の長いバスケット人生を考え、こうした今までにない経験も良い経験になるのではないかという気持ちがあってのことだった。周りにつくられた状況でプレーしているだけでは、ゆくゆくは限界が出てくる。どんな状況でも、自分のパフォーマンスを最大限に発揮するメンタルを培っていかなければいけない。そうしたことへの期待を込めて、判断したつもりだ。

僕自身は、慎のように華やかなスター街道を歩いてきた選手とは真逆の人生を歩んできた。今でも思い出すとモヤモヤするような、何とも複雑な体験談がある。

そのシーズン、僕は開幕からずっとスタートで試合に出ていたのだが、それまでケガをして試合を欠場していた選手が復帰した日から、突然、スタートを替えられたことがあった。しかも、それがちょうどトーナメント戦の真っ最中で、前日の試合にも勝利していたのに、何も言われずにスタートメンバーから外されたのだ。

実力的には、その選手の方が上だということはわかっている。だが、僕にもプライドがあるし、ここまでやってきた自信もある。だから、「なぜ?」という思いが強く、納得することができなかった。とはいえ、HCに理由を聞きに行く気持ちにもなれず、悶々とした中で試合が始まったのだった。この出来事以来、しばらくはそのHCへの信頼が薄らいでしまった。

こうした経験があったため、スタートメンバーを替えるというような、チームにとって大きな決断をする際は、まず選手とコミュニケーションを取るようにしてきたし、なぜ、そうした判断をするのかという理由も話し、理解してもらうように努めてきた。それでも選手が100％納得してくれるとは限らないが、理由を説明することで少しでも誤解やわだかまりがなくなればという思いからそうしている。

慎のときも、僕としては考えた結果の判断だったし、本人にも誠意を尽くしたつもりだったが、SNSでは叩かれることもあった。でもそれは、実際に中で組織づくりをしている人間と、外側からだけ見ている人たちの意見の違いなので全く気にしなかったし、心の中では「そのうち見てろよ」という気持ちだった。

叱るときは個人的に叱り、褒めるときはみんなの前で褒める

「個人批判をしない」ということも、自分の中で決めたルールの一つだ。

プロスポーツチームの中には、エースや外国籍選手には何も注意をしないコーチがたびたび存在する。そうしたコーチの下にいた選手は、次第に偉そうな振る舞いをするようになったり、横柄になっていったりして、いつの間にか、ほかの選手との溝ができてしまうことがある。

周りの選手からしてみれば、「自分たちは注意されるのに、なんであいつは何も言われないんだ？」と不満に感じるようになるだろう。こういうことが重なると、チームの雰囲気はどんどん悪くなっていってしまう。そうやってチームが分裂していくきっかけを、コーチがつくってはいけないというのが、僕が特別な人をつくらない、

個人批判をしない理由の一つである。

逆に、僕は試合に多く出ている選手にこそ注意をしてきた。試合後のミーティングでは、試合に長く出ている選手の映像を多く見せて、プラン通りにできなかった部分を指摘した。

僕が選手の頃は、2、3分しか試合に出ていないような選手の犯した一つのミスを切り取り、映像を見せながら「こういうプレーは駄目だ」と悪い例として示すコーチがいたが、正直、それってなんの意味があるのだろうと、ずっと思っていた。長い時間試合に出ている選手は必然的により多くのミスをしているし、そういう選手のミスこそ修正し、次に生かすべきだと思うからだ。

僕がHCに就任した際、今挙げた「依怙贔屓をしない」「個人批判をしない」という二つのことを心掛けて取り組んでいたが、時間が経つにつれて、そう決めたことをすっかり頭から抜けてしまっていたことに気づいた。ところが、偶然にもこのことを思い出させてくれる出来事があった。

僕は2021−22シーズン終了後にブレックスから離れたわけだが、同じタイミングでブレックスから移籍した人物に、テーブス海（現・アルバルク東京）という選手がいる。

翌2022－23シーズンの「B.LEAGUEオールスターゲーム」では、偶然、海と一緒に試合の解説を務めることになったのだが、そのときの何気ない会話の中で、海にこう言われたのである。

「竜三さんは、選手を個人的にはあまり叱らないですよね」

こう言われたとき、そう感じ取ってくれていたんだと初めて知り、選手たちには自分の理念がきちんと伝わっていたんだなとわかって嬉しくなった。

自分で掲げたこの二つルールは、いつしか自分で意識せずとも自然にそうできるようになるまで身に付いていたんだなと感じることができたし、きちんとした根拠を持ち、いつも、誰に対してもブレない行動をとっていれば、周りの人にはそれがしっかりと伝わっているのだと実感することができた。そうして、こうした小さな行為一つひとつの積み重ねが、互いの信頼を高めることにつながっていくのだと僕は信じている。

では、逆に人を褒めるときはどうしていたのかというと、褒めるときは「できるだけみんなの前で」「名指しで褒める」ようにしていた。ビジネスの世界では、「叱るときは個人的に。褒めるときはみんなの前で」と言われるが、結果的に僕もそれを実践していたのかもしれない。ただ、僕が「みんなの前で、名指しで褒める」人物は、むしろ試合であまり活躍の場がなかった選手や、頑張っているのになかなか結果を残せずに伸び悩んでいる選手を意識的に褒めることが多い。

その理由については、次の項目で詳しく説明したい。

意識向上のため「役割」を持たせその結果をしっかり評価して伝える

選手たちのモチベーションを高めさせる方法をひとことで言うなら、「役割を持たせる」ことが一番だろう。そのベースにあるのは、やはり「試合で使う」ということだと思う。

まずはプレータイムを与え、明確な役割を与える。そうして「その役割に応えてくれたら、プレータイムが伸びていく可能性が出てくるよ」と説明する。伸びていくといっても、試合時間には限りがあるため、1人の選手に多くの時間を与えるのは難しい。でも、自分の役割を徹底して遂行すればまたチャンスをもらえるということ。つまり、「課題」とそれを遂行した際に得られる「対価」をシンプルに伝えることがとても重要だと考えている。

選手としても、自分の役割を理解してから試合に出るのとそうでないのとでは、プレーの質が違ってくるだろうし、こういうことを癖づけていけば、いつ試合に出ることになっても慌てないようにと自ら準備することになり、今日はもう試合に出られないなと思って試合から心を離してしまったり、ベンチに座ってただボーっと試合の流れを追っている、なんてことは一切なくなるはずだ。

与えられた役割を全うできた選手をきちんと評価し、駄目だったときはどこが駄目だったのかをはっきりと伝えることも忘れてはいけない。評価を受けなければ、自分のしたことが良かったのか悪かったのかの判断がつかず、その経験が次回に生かされないからだ。

つまり、「役割を持たせる」だけでは不十分で、「その結果をきちんと評価し、伝える」ことが、選手のモチベーション維持には必要なことだと思う。

評価の方法として、僕は「みんなの前で、名指しで褒める」ことをよくすると、先に書いた。例えばミーティングのときに、メインで活躍している選手ではなく、普段はプレータイムが少ないような選手の映像を見せて、「このプレーがとても良かった。これでチームに流れがきた」と褒めたりもする。そうした言葉一つで、選手は「認められた」と感じるだろうし、「今度はもっと……」という気持ちがますます大きくなって、チームのプラスになってくれるはず。そんな期待を込めて行っている。

「役割を持たせる」と言うと、プレー中のことだけだと思うかもしれないが、たとえ試合に出られなくても、役割を持たせることはできる。選手には、「どんなときもファンは見ているし、僕もベンチにいる姿を見ているよ」と話している。プレータイムの長さにかかわらず、選手には「関わっている」という意識を持たせることが大切だからだ。

仮にチームが順調に勝ち進んで優勝したとして、そのときに、自分が関わっているという意識を持てるか持てないかで、喜びの大きさがまったく違ってくる。そこでチームの勝利に少しでも貢献できたと思えれば、それが自信になり、その後の人生が大きく変わっていくはずだ。選手はずっと同じチームにいるわけではないので、新天地に行っても活躍できる術《すべ》を持たせてあげたい。そんな気持ちもあり、全員が「自分もチームの勝利に貢献できた」と思える確かな手応えと自信を持たせてあげたい、そう思っている。

「プレータイムを与え」、「役割を持たせ」、それを「評価する」。そこにもう一つ加えるならば、「発言させる」ことも重要だろう。

企業の会議でも、積極的に発言する人物は大抵いつも同じ人、ということが多いのではないだろうか。スポーツの世界でも、意見を発する人物はだいたいいつも決まっている。「自分は控えの選手だから」と遠慮している人もいるのかもしれないが、僕はそうした選手に、こう言って発言を促すことがある。

「発言することは責任を持つということだから、そういう選手にこそ、僕はチャンスを与える。何も言わないなら責任を持たないと思われてもしょうがないよね。プロとしてやっているんだったら自分の考えを述べて、その言葉に責任を持ちなさい」

ここまで読んでこられた方ならもう理解されているかもしれないが、良いチーム、強いチームをつくるためには、メインとなる人材が優秀なだけでは足りなくて、それを支える周りの人たちの心の在り様がかなり重要になってくる。そうした人たちがいつも前向きであること。全員が同じ方向を向き、チームのために活動していること。それこそが、チームのまとまりや目標達成のためには欠かせない要素になる。

以前、「ずっと試合に出ている選手は、控えの選手の気持ちがわからないのではないか」とコーチ仲間と話したことがあったが、その点で言えば、僕自身が控えの選手だったことは、チームを一つにまとめ上げる立場となった今の自分にとって、良かったのかもしれないと思える。「控え選手の扱われた方」という部分で、選手時代にいろいろと見えたものがあり、それがコーチとしての考え方を確立していくことにつながっているからだ。

こうした経験を通して得た僕の教訓は、「控えの選手（特定の選手以外）を無碍《むげ》にすると、チームはうまくいかない」ということだ。

そんな理由から、僕はチーム全体の雰囲気にことさら注視し、また選手一人ひとりのメンタルの状態を把握するために、試合中の様子だけでなく、挨拶の仕方や普段の立ち居振る舞いなども、かなり細かく観察するようになった。

特に注意深く観察しているのはベンチで試合を見ている選手の様子

例えば、朝、こちらから「おはよう」と挨拶をしたとき、相手はしっかりとこちらの目を見て、元気に挨拶を返してくれるだろうか。言葉は返してくれても目を合わせなかったり、どこかよそよそしい態度をとったりしてはいないだろうか。

何かに対して不満があるとき、人はその感情が至るところに表れているものだ。それは無意識かもしれないし、こちら側に伝わるように、わざとそうした態度をとることもあるだろう。どちらにしても、そのような態度は一つの情報発信であり、チームや組織をまとめ上げる立場の人間は、こうした貴重なサインを決して見過ごしてはいけない。

僕は、挨拶一つでだいたいその日のその人の感情を、8割方理解できると思っている。

もし、あなたが組織の中である程度の立場にいるのであれば、円滑に仕事を遂行するために、まずは一人ひとりの挨拶の仕方をじっくりと観察するところから始めてみてはいかがだろうか。

それを数日続けていると、必ず「あれ、いつもと違うな」と感じる日があるはずだ。それを見つけた後の数日間は、特に注意してその人物の様子を見ていかなければいけない。そのうち自然と普段の調子に戻っていくようならそれに越したことはないし、逆にあまり長く続くようなら、その人物と親しい人にさりげなく最近のその人の様子をリサーチしてみるのもいい。その際、「いつもとあまり変わらないですよ。気のせいじゃないですか」と言われれば、またしばらく様子を見る。だが、「そうなんですよ、ちょっといつもと違いますよね」という話になれば、いよいよ本人に声を掛けて少し話をしてみる。

直接話をすることで、ダイレクトにその人の考えを聞くことができるし、何かで悩んでいて、それをなかなか言えない場合でも、そのときの様子で状況を何となく把握することもできる。だから「なんでもいいから、考えていることを話して」と促してあげよう。

僕は、そうやって選手たちと向き合ってきた。実際、話していたら思いがけない誤解だったということも過去にはいくつもあり、そうした誤解を生まないためにも、直接話をするという行為は、とても重要なことだと思っている。

バスケットボールのように、チームでプレーするスポーツには、必ずチームのために我慢を強いられる人間が存在するのが現実だ。Bリーグ（公益社団法人ジャパン・プロフェッショナル・バスケットボールリーグ）では、ロスター（試合に出場できる枠数）は12人（2023年8月時点、特別指定選手などの例外あり）と決められており、その12人の中に入れなかった選手は、「ベンチ外」という扱いになる。また、ベンチには入れたとしてもコートに立てるプレーヤーは常時5人のため、残りの7人はベンチに座っていることになる。この、〝ベンチで試合を見ている選手〟の立ち居振る舞いを、僕は特に注目している。

不満を抱えているときは、コート上の選手が良いプレーをしても一緒に喜ぶことができないし、試合に出ていた選手がベンチに戻って来たときに声を掛けたり、労ったりという行動をとれないことが多いからだ。

選手というのは、やはり自分が試合に出たいし、「自分の方ができるんだ」という思いを持っているもので、ベンチに下げられると「なんで今替えられるの？」と不満に思ったりもする。でも、そこで不満を態度で表したり、やる気をなくしたりしても何も良いことはない。ただの自己アピールなだけで、チームのために何の役にも立っていないからだ。そうして、そういう選手がチームに1人でもいると、チーム力は上がっていかない。

こうしたことは会社組織でも同じではないかと思う。いつもどこかで割を食っているような人材や、エースに隠れてあまり目立たない存在というのはどういう組織でも必ずいるもので、そうした人物が不満げな顔をしていたり、全くやる気のない態度でいたりするだけで、周りの士気も低下してしまう。つまり、周りに悪影響を及ばさないためにも、普段の立ち居振る舞いには特に注視することが必要となる。

自分たちが毎日接しているのは決してモノでなく、心を持った生きた人間なのだということを踏まえて接することで、小さな感情の変化に気づき、素早く対処することができる。それが引いては、組織やチームの空中分解を未然に防ぐためにできる、トップとしての重要な仕事なのではないだろうか。

大切にしてきたのは「逆転の発想」。「当たり前」を一度疑ってみる

ここまでは僕がHCに就任した際に決めたことや価値観について書いてきたが、ここからは、実際に指揮を執る上で大切にしてきたことを紹介したい。

戦術を考える際、僕がいつも大切にしてきたのが、「逆転の発想」だ。

「こういうシチュエーションでは、こうするのが当たり前」。そう決めつけていたことの、逆のことを考えてみる、というもの。僕はそうした考え方を、試合の戦術を練る際によく応用していたのだが、この考え方は仕事の場や人生においても共通する部分があると思っている。

今、自分が当たり前だと思っていることは、誰かがつくった当たり前なのではない

だろうか。だから、「そうじゃないんじゃない？」と、一度、疑ってみるといい。すると物事の見え方や考え方がガラリと変わり、新しい発想、これまでになかった斬新なアイデアが浮かんだりすることがある。

例えば、大勢の前で講演をするため檀上に上がろうとしたら、コケてしまったとしよう。自分にとっては痛いし恥ずかしいしで、すぐにでも帰りたいような状況なのだが、同じ体験をしても、ある人は「笑いが取れておいしかったな」と感じ、またある人は「おかげで緊張がほぐれて、いつもよりスムーズに話ができた」という人もいる。

何かうまくいかないことやアクシデントに遭遇したとき、僕たちはそれを「問題」と決めつけてしまいがちだが、発想を変えれば、それが「チャンス」になることもある、ということだ。現にビジネスの世界では、こうした逆転の発想から大ヒット商品が生まれているわけで、誰かがつくった「当たり前」という概念にとらわれず、さまざまな視点から物事を考えることができれば、マイナスに思えたことからプラスの要素を見つけ出すことができるのではないだろうか。

長年在籍した宇都宮ブレックスでは選手、アシスタントコーチ、ヘッドコーチとしてそれぞれ日本一を経験した。勝てる集団組織の作り方は熟知している。（写真・山田壮司）

第2章

強く、愛されるチームをつくる

組織の哲学はいかに浸透したか？

僕が以前在籍していた「宇都宮ブレックス」というチームは、シーズンごとにスローガンを掲げていた。スローガンは、フロントと呼ばれるチームの運営会社社員が話し合いをして決定しているのだが、それはチームが目指す方向性を示すものであると同時に、運営会社としての目標でもあり、引いてはチームと会社が同じ方向に向かうための指標にもなっている。折に触れてスローガンを使い続けることでファンにも浸透し、ゆくゆくはファンをも巻き込み、チームに関わる人々の目指す姿を一つにまとめることができるものでもある。

ブレックスでは、これまでさまざまなスローガンを掲げてきたが、そのシーズンだけに留まらず、その後も長くチームの姿勢を表現する言葉になった、とても重要なスローガンが二つある。

一つは、「BREX NATION（ブレックスネイション）」だ。

これは、2016―17シーズンのレギュラーシーズンが終了し、上位8チームだけが戦えるチャンピオンシップ（CS）に挑む際に掲げたスローガンで、「ブレックスに関わる全ての人と一丸となって戦い、優勝をつかみ取ろう」という結束力や姿勢を表す言葉として使われた。

このシーズン、ブレックスはBリーグの初代王者を勝ち取ることができたのだが、頂点に至るまでには厳しい試合の連続で、何度もくじけそうになった。しかし、どんなに苦境に追い込まれても最後まで諦めずに戦う姿勢や、ファンの皆さんに何かを感じてもらえるようなプレーをするという意味で、僕はよく「ブレックスの選手としてのプライドを魅せてほしい」とか、「ブレックスの選手として恥ずかしくないプレーをしよう」という言葉を使い、選手たちを鼓舞してきた。次第に、試合の意気込みを聞かれた選手たちからも、「ブレックスの選手としてのプライドを魅せられるような試合がしたいです」などいう言葉が発せられるようになっていった。

では、「ブレックスの選手としてのプライド」「ブレックスの選手として恥ずかしくないプレー」とは、具体的にはどのようなプレーなのだろうか。

一つは、「最後まで諦めない」こと。どんなに苦しい状況であっても、自ら試合を捨てるようなプレーは絶対にしないことだ。

もう一つは、「ハードなディフェンスをする」「数字に表れないプレーを好んでする」ということ。試合では、「ルーズボール」と呼ばれる、どちらのチームのボールとも判断のつかないような場面がたびたび訪れるが、そうしたとき、絶対に自分たちのボールにするという意気込みで、どこまでもそのボールを追いかけることを指す。

加えて、リバウンドなどの一見、「地味で目立たないプレーや泥くさいプレーを徹底して行う」こと、というような意味も含まれている。

また、今ではすっかりファンに、いや、恐らく他チームのファンにも浸透していると思われるのが、「BREX MENTALITY（ブレックスメンタリティ）」だ。

この言葉を正式にシーズンスローガンとして掲げたのは、２０１７‐18シーズン。つまり、BREX NATIONを掲げて挑み、日本一の栄冠を手にした翌シーズンのことだった。

こう書くと、時系列的にちょっと不思議に感じるかもしれない。「BREX MENTALITY

という精神性を掲げて戦い抜いたからこそ、ブレックスは優勝できたんじゃないの?」と皆さんは思うのではないだろうか。でも実際は、先にBREX MENTALITYに通じるような、〝このチームでプレーをする上で絶対に守るべき約束事〟が存在し、それをチームで徹底できたから優勝した。そうした、自分たちが大切にしてきた姿勢を総称して、後にBREX MENTALITYという言葉をつけた、というのが正確な成り立ちである。

ブレックスはそれまで、「最後まで諦めない」「ハードなディフェンスをする」「ルーズボールに飛び込む」「泥くさいプレーを厭わない」などをチームで徹底してきたが、これを完結に言うと、「チームがまとまっている姿を表現したもの」だと、僕は解釈している。チームとして一つにまとまっていれば、こうしたプレーが自然とできるわけで、「試合に勝つためには絶対に必要なプレーだから、徹底して行おう」と話し、選手がそれを実践した。そこに後から名前がついたのだった。

そもそも〝諦めない〟なんて、プロの選手としては当たり前のことだ。ルーズボールを追いかけることも、積極的にリバウンドを取りに行くことも、ディフェンスの強度を保つことも同様で、僕が選手たちに口すっぱく言ってきたこれらのことは、どれも至極当たり前のことなのだが、しかし、それをやり続けるのは、実はとても難しいことでもある。

「今日はルーズボールを追って行けたけど、次の日は行けなかったというのであれば100%できたことにはならない。試合に出た数分間にチームのルールを100%守り、シュートも完璧に決めて、ディフェンスも全力でやったのかと、その都度、自分自身を振り返る。恐らく、100%を達成することにゴールはなくて、100%を求め続ける限り、まだまだ成長していけるはず」

僕は、選手たちにずっとこう言い続け、「当たり前のことを当たり前にできるようになるまで追求すること」を目標に掲げてきた。それを選手たちが愚直なまでに遂行し、継続してきた。いつしかそれが、〝ブレックスらしさ〟と呼ばれるようになり、その〝らしさ〟を前面に出したプレーが、「BREX MENTALITY」へと昇華していったのだ。

僕がブレックスを離れると決めたとき、いくつかのチームが声を掛けてくれたのだが、その際、「ブレックスのように、このチームの文化をつくり上げてほしい」というオファーをいただくことが多かった。でも、その都度、僕はこう答えていた。

「チームの文化は、1人ではつくれません」

BREX MENTALITYをチームに浸透させることができたのは、各セクションの重要なポストに、それを率先して実行するキーとなる人物がいたことが大きい。ヘッドコーチ（HC）の僕がいくら声を上げて、「最後まで諦めるな。ブレックスの選手として恥ずかしくないプレーをしろ」と言ったところで、それを試合で遂行する選手たちが、その重要性を本当の意味で理解していなければ、実践することは難しかっただろう。

だが、そうした中で率先して実行してくれた選手がいた。それが田臥勇太だった。バスケットボールをよく知らない人でも、彼の名前は聞いたことがあるのではないだろうか。念のため簡単に紹介しておくと、彼は日本人初のNBA（北米の世界最高峰のバスケットボールリーグ）プレーヤーで、能代工業高校（現・能代科学技術高校）時代には、高校総体、国体、全国高校選抜と呼ばれる高校3大大会で3年連続3冠を達成している、言わずと知れたスター選手だ。

勇太のプレーを見たことがない人は、「ノールックパス」に代表されるように、華麗でスマートで、テクニカルなプレーをする華やかな選手なのだろうと想像するかもしれないが、実際の彼のプレーは、誰よりも泥くさい。おまけに超がつくほどの負けず嫌いで、とことん勝利にこだわる。どんな窮地に追い込まれても決して諦めない、1秒たりとも油断などしない。そうした彼の姿勢が、試合の局面局面で流れを変え、観客の心を揺さぶり、同じ選手にも力を与えていた。

そんな彼のプレーを象徴したようなシーンがあるので、紹介したい。

2017年5月27日、東京・代々木第一体育館。この日は、長いレギュラーシーズンの上位8チームだけが進めるトーナメント戦、CSの頂上決戦が行われた日だ。対戦カードは、宇都宮ブレックス対川崎ブレイブサンダース。

試合は、終始1、2点差を争う拮抗した内容で、試合終了間際まで精神をすり減らすようなぎりぎりの攻防戦が続いた。試合終了まで残り5分を切ったところで74－74の同点となったが、そうした緊張感の中で、川崎がミスを犯し始める。その間にブレックスは得点を重ねていき、試合終了まであと16秒というところで85－79とブレックスが6点リードを築いた。恐らくブレックスのファンは、この時点でほぼ勝利を確信していたことだろう。

そんなとき、勇太はルーズボールを追って観客席に飛び込んでいった。さらにジェフ・ギブス（現・長崎ヴェルカ サポートコーチ）も、試合終了まで7秒となったところでルーズボールを追って、思い切りコート外にダイブした。余談だが、ジェフはこのプレーでアキレス腱断裂という大きなケガを負ってしまう。しかし、その後の優勝セレモニーや記者会見には何事もなかったかのように笑顔で参加したという、脅威の体力と精神力の持ち主である。

残り16秒の勇太。残り7秒のジェフ。ほぼ勝利をその手につかみながら、なお闘志を燃やし、最後の最後まで必死にボールを追いかけた2人の姿勢が観客の心を震わせた。油断や隙は一切ない。そこにあったのは、何が何でも勝ちたいという強い信念、それだけだった。こうした泥くささや執着心、絶対に勝つという強い意志。それこそ、このチームが数年かけて培ってきた精神性そのものだ。

外国籍選手というのは、こうした体を張ったプレーを好まないことが多いが、ジェフに限らず、ブレックスの外国籍選手は総じてこうしたプレーを厭わず、この試合に限らず日頃から積極的に泥くさいプレーに取り組んでくれたことがありがたかった。

BREX MENTALITYは田臥勇太抜きには語れない

外国籍選手の「プライド」を感じた、とても思い出深いエピソードがある。

以前ブレックスに在籍していた外国籍選手に、ライアン・ロシターとトミー・ブレントンという選手がいた。この外国籍選手の2人は、ルーズボールを追い掛ける姿勢が素晴らしく、彼らのプレーが周りの選手をけん引していた。2人ともまだ若かったのだが、特にトミーは大人びた視点を持っている選手で、チームが良くない状況のときには、「俺がやってやるよ！」と言わんばかりにどんどんチームを引っ張ってくれた。

あるシーズンでは外国籍選手が1人欠けた状態が続き、必然的にこの2人のプレータイムが長くなり、フル出場に近い状態になることも少なくなかったのだが、それでも彼らは不満を言うようなことは一切なかった。そうした2人の様子を見た、当時の佐々《さっ》宜央《さ》アシスタントコーチ（ＡＣ）は、「2人のプライドを見せつけられているようだ」と話していた。恐らく、彼らは「もう1人の外国籍選手なんていなくてもいいよ」と、本気で思っていたのではないかと感じている。

そんな状況の中で行われたアウェー、日立東京（現・サンロッカーズ渋谷）との2連戦。2試合目の終盤ともなると、さすがの彼らもヘトヘトに疲れ果てていた。動けなくなるまで、全てを出し切ってプレーしているプロ選手なんて日本人でもあまり見掛けないのだが、この2人は、もうこれ以上動けないというほど全てを出し切っていた。しかも、残り5分を切って20点差で負けているというのに。見かねたコーチが交代させようとしたのだが、自ら志願して試合に出続け、最後までフルコートでディフェンスを続けた。

ライアンに至っては帰りのバスの中で両足が攣《つ》ってしまい、座っていられずに立ったまま宇都宮まで帰ってきた。こうした状況になるまでやり続ける姿には、味方ながらに感動を覚えた。

彼らのプライドや姿勢はほかの選手にも共有され、メンバーが替わっても引き継がれていった。それがファイナル（決勝）という大舞台でも変わらずに徹底されたことで、勝率1位、平均得点で1位の強豪、川崎を相手に勝利することができた何よりの要因だと思っている。

この日、ファイナルの試合を見た人たちは、僕にこう感想を伝えてくれた。「ファイナルにふさわしい素晴らしい試合だった」「ブレックスのチーム力に感動した」と。僕は、このとき、ACという立場だったが、自分のチームの選手たちを心の底から誇りに思った。

全てのチームがそうであるように、ブレックスも最初からケミストリー（結束力）が備わっていたわけではない。在籍していたメンバーも、国内最高の選手ばかりを集めたわけでもない。それでも日本一になることができたのは、間違いなく、チームが一つになった結果だと思っている。

勇太がボールを追いかけてコートにダイブする姿を練習からずっと見てきたチームメートたちは、「あの田臥さんがやっているんだから俺たちがやらないわけにはいかない」という気持ちになり、比較的チームに長く在籍している選手たちやベテランの選手たちが、勇太を見習ってそうしたプレーをやり始めた。それが外国籍選手にも伝わる。そうすると、「ベテランの選手や外国籍選手たちがやっているのに、僕たちがただぼーっと見ているわけにはいかない」と、今度は若い選手たちもやり始める。

そうやって、チーム全体が大きなうねりで一つになり、いつしかそれがブレックスのチームカラーとして定着していった。その最初の波をつくったのは間違いなく勇太のプレーであり、BREX MENTALITY は勇太抜きには語れないと思っている。

ブレックスはそもそも、「Break Through（壁を乗り越える、突破する）の精神」を掲げて誕生したチームで、Break Through と発音が似ているという理由で、チーム名が「BREX」になったという経緯もある。この、「常に新しいことにチャレンジし、どんな困難も必ず乗り越えようとする姿勢」や、「最後まで諦めずに戦う姿勢」「ファンや地域を大切にし、一緒に戦っていく」という BREX NATION の考え方は不変であり、それはどんなに選手が入れ替わっても、チームに脈々と受け継がれていった。

また、BREX MENTALITY をここまで浸透させることができたのは、ファンの皆さんの存在も大きかったと思う。試合で選手たちが泥くさいプレーをし始めたとき、ファンの皆さんが大きな拍手を送ってくれるようになったのだ。

例えば、ディフェンスで相手のエースをコートの端に追い込み、ドリブルをするスペースもパスを出すスペースも与えない。そんなときに、ブレックスのファンは「いいぞ、ナイスディフェンス！」とばかりに盛大な拍手を送ってくれた。

それまで、試合で大きな拍手が起きる場面と言えば、直接ボールをリングに叩き込むダンクシュートを決めたときや、3Pシュートを決めたときなど、得点に結びつくプレーであることが多かったが、ブレックスの試合では得点に結びつかない地味なプレーをしたときにもファンが沸いてくれるようになったのだ。

これは、チームが目指すバスケットのスタイルをファンが理解しているということが前提としてあり、それを遂行している選手に対して送られたファンからの称賛である。同時に、それを受けた選手たちは、「こうした地味なプレーでも、このチームのファンはきちんと見てくれているのだ」とわかり、より頑張ろうという思考につながる。ベンチに戻ればコーチ陣も周りの選手たちも、自分のプレーを褒めてくれる。そうしたことの積み重ねで、選手たちのプレーが変わっていったのだと思う。

さらに言えば、フロント（運営側）にも、キーとなる人物がいたことも大きかった。誰か1人が、「この精神性をチームの文化として浸透させよう」と思ったところで、それを1人で定着させるのはまず無理だっただろう。だが、本気で浸透させようと考える人間が、選手やコーチというチーム側の人間だけでなく、フロントの責任ある立場にもいたとしたらどうだろうか。

ブレックスでは、運営会社の代表を経てゼネラルマネージャー（GM）になった鎌田眞吾氏の存在がキーとなった。後に詳しく紹介するが、鎌田さんと僕は長い付き合いがあり、お互いのことをよく理解していたし、立場が違ってもよくコミュニケーションを取っていたので、チームの状況もフロントの状況も互いに把握することができた。この相互理解により、チームとフロントが同じ方向を見ることができたことが奏功したのだと思う。

営業は、他社との競合で厳しい状況に陥ったときに最後まで諦めない姿勢を貫き、企画担当者は、新型コロナウイルスの影響で売り上げ大幅ダウンとなっても、別の方法で売り上げが上がらないかと模索する。SNSでは、広報担当が「#BREX NATION」というハッシュタグをつけてつぶやくことで、ファンが「自分もBREX NATIONの一員なんだ」と実感できるようになり、コロナ禍の苦しい状況を〝ファンと一緒になって〟乗り越えようとした。

こうしたフロント陣の頑張りを近くで見てきた選手やチームスタッフは、少しでもファンの方々に楽しんでもらえるようにと、フロント陣の考える企画に積極的に協力しようという考えを持つようになり、実際、積極的にイベントにも参加した。

それぞれが、それぞれの立場でこうした精神性を体現していく。その結果、「Break

Through の精神」「BREX NATION」「BREX MENTALITY」はお飾りのスローガンではなく、実態の伴った指針になっていた。そういった意味で、企業における経営理念や企業理念と呼ばれるものに等しいものだと考えている。

「好き」が根底にあると逆境に強い

先述のとおり、「フロント陣の頑張りを近くで見てきた選手やチームスタッフ」と書いたが、ブレックスの場合、両者の心理的な距離と物理的な距離の両方が近かったことが、一つの特徴として挙げられる。

僕は、現在、「越谷アルファーズ」に所属しているのだが、ブレックスから出たことであらためて気づいたことがある。アルファーズは、B2リーグと呼ばれるブレックスが在籍するB1リーグの下部組織に所属するチームで、ファンの規模などはブレックスにはとても及ばないのだが、それでもクラブハウスを所持しており、練習やトレーニングをしたいと思えば、いつでも利用することができる。

そんなことは当たり前だろうと思うかもしれないが、何度もリーグ優勝を果たしたブレックスにはそれがなかった。ではどうしていたのかというと、練習は栃木県内にあるいくつかの体育館を都度レンタル。つまり、その日によって、練習場所が違うという状況だ。マネージャーには、「明日はこの体育館、明後日はこっちの体育館を○○時～○○時まで借りているので、その間に練習を終わらせて撤収してください」と言われる。トレーニングも、一般の方が利用する施設を利用する。当然、選手は自分がやりたいタイミングでシュート練習することも、ウエイトトレーニングすることもできない環境だ。

こうした状況はある意味でとても不便なのだが、それが選手とフロントスタッフの距離を近づけることにもなっていた。選手は、練習後にケアを受ける際、事務所に行って受けていた時期もあったし、メディアの取材対応などは、今も事務所で行うことがある。

事務所に行けば、フロントスタッフの働く姿が自然と目に入り、何気ない会話をする中で、「今度、こういう企画をやろうと思うんです」とか、「どこそこの会社に営業に行ったら、部長が○○選手のファンだって言って話を聞いてくれました」などという会話を耳にすることだってある。そうやってお互いの仕事を自然と知ることができた。要は、物理的に距離が近かったため、コミュニケーションが取りやすかったのだ。

また、ブレックス時代は試合後に選手たちが食事に行ったりすると、フロントスタッフが参加することもあり、選手とフロントが仕事以外の場所でコミュニケーションを取る機会が多かったように思う。

僕たちチーム側の人間は先に食事を始めているのだが、フロントスタッフたちは試合会場の撤収や残務処理をした後から参加するので、当然、遅れて食事会の場所に現れる。そうすると選手たちは、「自分たちが飲んでいる間も、彼らは働いていたんだな」と気づく。自分たちが好きなバスケットができるのも、こうやって周りの人たちが支えてくれているからなんだなと実感し、互いの仕事をリスペクトするようになっていく。こうしたことが自然と身に付いていた。

２０２１－22シーズンの開幕前には、ある営業スタッフと僕とで、いくら稼げるかを競い合ったことがあった。営業はスポンサー契約などの合計金額、僕はチームの賞金でいくら会社にお金をもたらせるかを競争したのだ。シーズン途中の時期には、彼は「今のところ、僕の勝ちですね。僕は○千万とってきましたよ」と言っていたけど、最後にリーグ優勝をして5千万円の賞金を獲得したので、結果的には僕が勝つことができた。こんな少しふざけたやり取りもできるような仲に社員との関係もなっていたのだ。

実は、チームを運営する上で意外に多いのが、フロントスタッフが仕事のやりがいが持てずに辞めてしまうこと。注目されるのはいつもチーム側で、フロント側は頑張り続けなければいけない状況が続き、だんだん辛くなってしまうというケースだ。チーム側がフロント側の頑張りを理解していないチームは、実はとても多いのではないだろうか。しかし、両者が関わりを持ち、互いの仕事を理解できれば、そうしたことも減ってくるのではないかと思う。

加えて、ブレックスは「このチームが好き」という人たちが社員として働いていることが多く、そういう意味でもとても稀有《けう》な環境だったのかもしれない。最近は大企業がスポンサーにつくチームも増え、理想論ばかりでは成り立たなくなってきたが、それでも「バスケットが好き」「このチームが好き」「この地域が好き」というように「好き」が根底にある人たちが集まった組織は、苦しいことに直面しても、それを乗り越えることができる底力があるように思う。

当然、組織が大きくなればなるほど、フロントスタッフとチームスタッフ・選手との関係性をつくることは難しくなるが、だからこそチーム運営をしていく上で両者の相互理解が重要なポイントになると言えるだろう。

強いチーム（良いチームワーク）とは「自己犠牲とそれを評価できる組織」

チームスポーツである以上、誰かが犠牲になることがある。「自己犠牲」という表現が正しいのかどうかはわからないが、あえてこの言葉を使わせてもらうと、自己犠牲を払ってでもチームを良い方向に向かわせようとする人間が多いほどチームは強くなる。これが僕の持論だ。

それぞれ個人的な思いがあるのは当然のことだが、それを押しつける人間がいたり、自分のことしか考えない人間が多いほど、組織は育っていかない。だから僕は、「強いチームとはどのようなチームか？」と聞かれたとき、いつもこう答えてきた。

「強いチーム（良いチームワーク）とは、自己犠牲とそれを評価できる組織」

プロスポーツは、応援してくれる人がいて初めて成り立つ仕事である。では、どういうチームだったらお金を払ってでも試合を見に行き、応援したいと思うだろうかと考えてみると、やはり「チームとして戦う」「チームが盛り上がっている」「劣勢になってもチームみんなで立ち向かっていく」というように、チームが団結しているシーンを見たときに、人は心が動くのではないかと思う。

このような考えが僕の根底にあるため、勝敗にかかわらず、お金を支払ってでも見るに値する試合、存在でいなければいけないという思いが強い。もちろん、組織の中ではさまざまな人間関係があり、実際には複雑な思いを抱えている人はたくさんいるだろうが、どんな状況であっても試合になったら自分たちの持っているものを最大限に発揮し、チームとして同じ方向を向き戦う姿を見せることが、プロとしての責任だと思っている。

HCの立場として言えば、何かしらの自己犠牲を払っている選手たちに、「試合には出さないけど、練習だけ頑張ってね」というのはあまりにも酷すぎるので、自己犠牲を強いるのであれば、その人たちにもチャンスを与えなければいけないと思っている。それこそ、僕が全員の選手を試合に出す、大きな理由にもなっている。

また、ファンの人たちのことを考えると、やはり選手全員をコートに立たせたいという心情もある。応援している選手がずっとベンチにいて、プレーする姿を見ることができないというのは、ファンの心理としては複雑なのではないだろうかと思うからだ。なかなか試合を見に来ることができない人にとっては、わざわざお目当ての選手を見に来たのに、「今日は、出なかった」と思ってがっかりして帰ることになり、その人が払ったチケット代や試合のために割いた時間、ワクワク感を何かで返せているのだろうかと考えてみる。そうやってファンの立場になって考えたとき、僕は全選手に極力チャンスを与えようという判断に至った。

逆に言えば、そういう部分で自分には甘さがあることも自覚している。全員の選手にプレータイムを与えるというのは耳障りはいいのだが、実は大きなリスクを伴うことにもなるからだ。

スタートで出ている5人と控えの選手たちの実力差が大きい場合、スタートのメンバーが苦労してつくった点差を控えの選手たちが溶かしていく。つまり点差を詰められたり、最悪の場合、逆転されてしまうケースもあるからだ。とはいえ、スタートの5人だけで40分間を戦い抜くというのは不可能に等しく、NBAでもBリーグでも、おおよそ8~9人程度の選手をローテーションして使うチームが多い。それに対して僕は、ベンチ入りできる最大人数の12人の選手をフルにローテーションとして使う、いわば総力戦で戦うスタイルを貫いてきた。

では、スタートメンバーが下がった時間帯に点差を詰められないようにするためには、どうしたらいいのだろうか。

僕は、そのことに一番頭を悩ませてきた。だが、実際に僕がしてきたことは、至ってシンプルだ。まずは、それぞれの選手の長所と短所を徹底的に洗い出し、欠点を消して利点に変える最大の効果を生み出す組み合わせを導き出す。その最適解を出せるかどうかがHCの実力であり、戦術の一つだと思っている。

当然、うまくいくときもあればそうでないときもある。うまくいかないときは一気に崩れて取り返しのつかないことになることもあるし、試合に負ければめちゃくちゃ叩かれる。AC陣にも「よく、あの局面でベンチメンバーを使うよね」とか、「俺だったら、そういう判断をするのは難しいですね」などと言われたこともあった。だから、日頃からチーム全体のスキルアップに力を入れ、誰が試合に出ても遜色なく戦えて、40分間安定して質の高いバスケットができるようなチームづくりを目指してきた。

このように「全員を試合に出す」ことを実現するには、チーム全体のスキルアップが不可欠であり、この方法で戦い抜き日本一となった当時のブレックスは、総じてレベルの高い選手が多く、さらに努力する精神性を持った選手たちがいたから成り立ったのだと思っている。

もう一つ、全員を試合に出すのは、ディフェンスの強度を下げたくないという理由もある。

一瞬の気の緩みもなく、集中力を保ったまま強度の高いディフェンスをやり続けるのは数分が限界だろう。恐らく、本気でディフェンスをしていたら、バスケットコートを2〜3往復しただけでも疲れてしまうはずだ。疲れて集中力が切れてしまい、ディフェンスの最初の一歩が遅れてしまったら、もう追いつくことはできない。だから、そうなる前に「疲れたら自分から交代したいと言ってほしい」と選手たちには話していた。そうやって、いつもフレッシュでパワーみなぎる選手がコートに立っている状況をつくり出し、与えられた時間は全力で相手を抑えることを徹底してきた。

また、同じ選手ばかりを酷使することで、シーズン終盤からいよいよポストシーズンという重要な時期に疲れが溜まってしまったり、ケガをしてしまったり、なんてことがないよう、ケガ予防の意味合いも大きかった。

さらに言うと、自分の経験を踏まえての判断、ということも少なからずある。

先に書いたように僕自身が控え選手だったので、「なんで自分はもっと試合に出られないのか」という思いを抱えながら選手生活を送ってきた。もちろん、自分の甘さもあっただろうし、大した選手ではなかったといえば、それまでなのだが……。

僕が現役時代、とあるHCは限定された選手にしかプレータイムを与えなかった。そうした状況に不満を持ち、「どうして試合に出られないの?」「あいつより俺の方がいいじゃん」と不貞腐れている選手がチーム内に3人も4人もいたとしたらどうだろう。そうした選手たちがいざ試合に出たら、勝手に自分のやりたいことをやり出すはずだ。そんなまとまりに欠けるチームは見ている人も面白くないだろうし、当然、試合には勝てない。

僕自身、「自分の存在価値は一体何なのか?」と考えるようになり、不満を溜め込んだりもしたが、キャプテンを任されていたこともあって、自分のことよりもチームをどうにかしたいという想いでチームをまとめ上げることに気持ちを切り替えた。それが自分の中での「自己犠牲」だったのだと思う。

だから自分がコーチになったときは、選手たちにそうした思いをなるべくさせたくないという気持ちが強く、「全員にチャンスを与えよう」と決めた。

こうした経験を経て、今僕が思うのは、たとえどういう状況であってもチームに所属している以上、選手はチームのために貢献しなければいけないということだ。極端に言えば、自分の考えなんて捨ててほしい。見ている人たちに、「こんなチームのために、何千円も払って見にきたんじゃない」と、決して思わせたくない。それが、HCとしての本音である。

また、人と人は触れ合うことで関係性を築いていけると、僕は考えている。一般の社会生活の中では難しいかもしれないが、スポーツ界では選手同士がハイタッチをしたり、肩や腰に触れてコミュニケーションを取ったりするシーンをよく見掛けるのではないだろうか。そうした触れ合いの中から関係性を築いていけるビジネスが、スポーツの世界なのだと思う。

もし、コート上で体を張って倒れ込んだ選手がいたら、それはチームのために頑張ってくれた結果なのだから、選手全員で駆け寄って手を差し伸べてほしい。ミスを犯したときや素晴らしいプレーをしたときも肩にそっと手を置いたり、ポンポンと背中を叩いたりするだけで、励ましや称賛の気持ちは伝わるものだ。

そんなことを続けているうちに、一体感が生まれる。自分のことだけを考えるのではなく、チームが一つになるために、その瞬間瞬間にどういう行動を取るべきなのか、それを考えられる選手が多いチームは強くなっていくものだ。

組織全体が同じ方向を向き うまくいかないときは補い合う

ここまでは、愛されるチームをつくるために選手やコーチの立場でできることを書いてきたが、フロントの立場でできるのは、一体どういうものだろうかと考えてみた。するど最初に頭に浮かんだのが、ある年のチャンピオンシップ（CS）での出来事だった。

あれは確か、Bリーグが開幕して2シーズン目。ブレックスはアウェーでシーホース三河と対戦した。試合には残念ながら負けてしまい、そこでシーズンは終了となったのだが、栃木から愛知まで駆けつけ、選手たちの背中を押してくれたこと、また1シーズンともに戦ってくれた感謝の気持ちをファンの方々に直接伝えるべく、試合後、土砂降りの雨の中で、フロントスタッフが会場の退場口に並び、「今シーズンもありがとうございました！」と声掛けをしたことがあった。

当然、僕たちチームスタッフは、そんなことをしていたとは知らず、後から聞いて知ったのだが、驚いたと同時にフロント陣を誇らしくも、ありがたくも思った。

僕たちはプレーで観客の皆さんを楽しませることに全力を注いでいるが、それでも結果が伴わないことがある。最悪の場合、そのシーズンで応援することを辞めてしまうファンだっているだろう。試合に負けて、ただでさえ沈んだ気持ちになっているところで会場を出たら土砂降りの雨。「せっかくここまで来たのに……」と悔しさが込み上げてきても不思議ではない。

そんなとき、一列に並んだスタッフにお礼を言われたらどうだろうか。そもそも、アウェーの地まで応援に来てくれるような熱心なファンの人であれば、スッキリとは言わないまでも、悔しさも幾分は和らぎ、きっとまた応援しようという気持ちになってくれるのではないだろうか。

現に、ファンの皆さんは挨拶をするスタッフたちを叱咤《しった》することもなく、「こちらこそお疲れさまでした」「残念だったけど、また来シーズン頑張りましょう」と前向きな言葉を掛けてくれたという。

応援されるチームというのは、強いだけでは決して駄目なのだ。ましてや、選手やコーチだけが頑張っているという状況でも、意味がない。フロントもチームも、役職も部署も一切関係なく、組織全体が同じ方向を向き、うまくいかないときは別のセクションがそれを補えるような関係性を築き上げていること。それができたとき、魅力ある組織、愛される組織になるのだと思う。

第3章

失敗が人を強くする

培われた「努力する才能」

第1章、第2章では、実例を交えて選手時代の経験やコーチとしてのポリシーを説明してきたが、こうした考えに至る背景となったものが僕の経験にあるため、この章では僕の人生を少し遡って紹介しようと思う。

僕が小学生の頃は、まだバスケットボールのプロ選手というのはいなかったが、将来の夢を聞かれると、いつも「プロバスケットボール選手になること」と答えていた。バスケットボールを始めたのは、小学2年生のとき。僕は3人兄弟の末っ子で、父親と兄がバスケットをやっていたため、自分も自然とバスケットをやるようになった。兄は、中学まではバスケットを続けていたのだが、高校からは駅伝に転向。僕も2

人の兄たちも、子どもの頃から長距離が得意で、自分の住む地域では一番速く、学校のマラソン大会ではずっと1位だった。今となっては考えられないことだが、縄跳び大会では「二重跳び」で250回も跳び、当時の学校記録を出したこともある。

逆に、高く跳ぶことや短距離走は当時からあまり得意ではなく、〝耐えればどうにかなる〟というような持久力を競う競技が得意だった。

バスケットではずっと自分が一番だったわけではないし、得点をたくさん取れるわけでもなく、センスのある選手に勝てるものと言えば、やはり忍耐力くらいなもので、〝辛いことでも耐えられる〟という部分では誰にも負けない自信があった。また、他人より頑張らないとうまくなれないという自覚もあり、みんなが帰った後に最後まで体育館に残ってシュート練習をするなど、人一倍努力を続けた。そういう意味では、〝努力する才能〟はあったのかもしれない。

僕が元々持っていたこうした資質にプラスして、ミニバスの練習がとても厳しかったおかげで持久力が必要な競技が得意になり、きつい練習、辛いことにもトライできる精神力が身に付いていったように思う。

中学生になっても、当然バスケットを続けた。僕が小学生のときに所属していたチームは県でも優勝を争うチームだったので、中学校の新人戦でもある程度は勝てるだろうと高をくくっていたのだが、なんと1回戦で負けてしまい、これはヤバいぞという危機感を持った。2年生のときにはとても厳しい先生が来てくれることになったのだが、それが転機というか、これまでとは比較にならないほど練習量が増えたのだ。夏休みには体育館を100周してから練習することもあり本当に辛かったが、おかげでものすごく強くなった。

「厳しく練習を行うと必ず結果が出る」。身をもってこれを体験した。厳しく指導することの必要性を学んだのは、きっとこのときだったように思う。

僕は福島県の出身なので、全国大会に進出するためには東北大会で2位以内に入らなければならなかったのだが、準決勝で秋田県の中学校に負けてしまい、残念ながら全国大会に出場することはできなかった。

僕たちに敗戦の悔しさを味わわせた秋田県の中学校には菊地勇樹という選手がいて、彼は後にバスケットボールの名門、能代工業高校に入学する。

一方、僕の中学の2つ上の学年には、その後トップリーグで活躍する渡邉拓馬さん（現・京都ハンナリーズゼネラルマネージャー）がいた。実は、拓馬さんとは小・中・高・

大とずっと同じ学校だった。というか、僕が拓馬さんの後を追い掛けていった、と言った方が適切だろう。拓馬さんは高校生の頃から日本代表に選出されるなど地元ではすでにスーパースターになっており、僕からしたら全く手の届かない憧れの存在だった。

福島工業高校にはバスケットボールの推薦で入学した。福島工業は圧倒的な強さを誇っていたわけではなかったが、一度だけ県大会で負けたことがあるぐらいで、それ以外の公式戦は全て勝っていたと記憶している。

僕個人としては、高校に入学するときも大学に入学するときも、周りからの評価が高い方ではなかったので、〝雑草魂〟みたいなものがすくすくと育まれ、「どうにかして試合に出してもらいたい」「自分より評価の高い同年代の選手にどうやって勝つか」と、そんなことばかりを考えていたのだが、それが功を奏してか、高校1年生のときから拓馬さんたち3年生に交じって試合に出してもらえるようになった。

同じ頃、能代工業には中学時代に悔しさを味わわされた菊地と、このときにはまだ面識がない田臥勇太がいて、彼らは1年のときからスタートで試合に出場していた。「能代工業」は、その名前を聞いただけでちょっと怯んでしまうような、超名門校だ。同じ年齢の人間が、その能代でスタートで試合に出ているということに衝撃を受けたことを、今でもよく覚えている。言ってしまえば、これが僕にとっては初めての〝田臥勇太の衝撃〟だった。

余談だが、能代工業とは東北大会で1度対戦したのだが、30点差ぐらいつけられて負けた思い出がある。同じ高校生とはいえ、それぐらい実力差が歴然としていたのだ。

運命を変えた人物たちとの出会い

毎年6月頃に開催される東北大会というものがある。これは、高校総体（インターハイ）予選の上位校によって争われる大会で、拓殖大学の森下義仁監督がこの大会を見学に来たことがあった。お目当ての選手は、弘前実業高校の北谷稔行《のりゆき》（現・B2青森ワッツ代表）。

実は、その2年前には僕の高校の先輩である拓馬さんが拓殖大学に入学したこともあり、森下監督は僕の高校の穴澤睦雄監督とも知り合いだったらしい。そんなこともあって、穴澤監督は、北谷を見学に来た拓大の森下監督に「あいつ、どうですかね?」と僕のプレーを見てくれるように勧めてくれたそうだ。たまたまその試合は、僕が活躍できた試合だったこともあり、「あいつなら、取ってもいいよ」と返答をいただき、僕は突如として拓大に行けることになった。

つまり、同学年に北谷がいなければ森下監督は東北大会を見に来ていない可能性が高く、僕のバスケット人生はその時点で閉ざされていたかもしれないのだ。また、その2年前に拓馬さんが拓大に行き、監督同士が顔見知りでなければ僕をプッシュしてくれることもなく、森下監督も僕のプレーを見てくれることはなかったと思う。本当に不思議な巡り合わせで、僕は幸運にも拓大に入学することができたのである。

穴澤先生には本当に感謝している。僕が通っていたのは工業高校なので就職する生徒がほとんどで、本当にバスケがうまい一握りの選手だけが大学に行けるという状況だったので、自分が推薦で大学に行けるなんて思いもしなかった。だから、拓大に行けると決まったときは本当に嬉しかったし、両親もとても喜んでくれた。

当時の拓殖大は、インカレでも2位か3位に入るほどの強さで、能力のある選手がたくさん在籍していた。高校生までは、県内では〝まあまあうまい方〟の選手だと自負していた僕も、大学に入ったら全く通用せず、〝下から数えた方が早い〟選手になっていた。そうした現在地を思い知らされる出来事が、入学早々に訪れた。

初日の練習が終わった後、OB会の方たちと監督、コーチたちで食事に出掛けることになったのだが、そこに誘われた同級生は2人だけ。OB会の方たちは、入学時で期待値の高い選手2人だけを連れて食事に行ったのだった。

僕は入学1日目にして、「あ〜、こういう世界なんだ」と思い知らされた。実力主義と言ってしまえばその通りだし、自分の勝手な解釈だが、僕のように〝その他の人間〟は食事にも誘われなければ、全く相手にされないのだという現実を突きつけられた気がした。今思い返すとただの被害妄想なのだが、「強くなれなければずっとこのまま。これはもう見返すしかない。頑張って、こいつらを超えていかないとどうにもならないんだ」、そう思った。

そこからは、めちゃくちゃ練習した。来る日も来る日も、とにかくがむしゃらに練習に励んだ。自分の被害妄想が自分を奮い立たせ、自分を良い方向に導くという稀な一例かもしれない。

そんな僕を見て、ある日、森下監督がこんな言葉を掛けてくれた。

「頭を使ってバスケットをしなさい」

監督から言われたことをただやっているだけではなく、自分の頭で考えてバスケットをしなさい、そう言われた。

僕は、ミニバスの頃からずっと「司令塔」と言われるポイントガードのポジションだった。ポイントガードは、どういうフォーメーションを使うことが効果的かを常に考える必要がある。だから、少しでも上達したいと思うなら、「ただ何も考えずに周りの人たちのプレーを見るだけでなく、自分だったらどうするのか、どんなフォーメーションを使うのかを、日頃から考える癖をつけなさい」と、その必要性を説いてくれた。

もう一つ印象に残っているのは、基礎的な練習をたくさんしたことだ。パスをキャッチして、振り向いてパスを返すというような基礎的な練習がとにかく多かった。内心、この練習って本当に意味があるのかな？　と思うこともあったが、後々振り返ると、こうした練習をしっかり行ったことで基礎が体に叩き込まれたと感じるので、やはりああいった練習は必要だったのだと思う。

何はともあれ、こうした努力を続けたことで、僕は1年生のときから北谷と一緒に、スタートで試合に出してもらえるようになったのだ。

この時代に学んだ考え方で、現在の僕のコーチングに大きな影響を与えたものがある。当時、オールジャパン（天皇杯全日本バスケットボール選手権大会）で上位カテゴリーのチームと試合をする機会があったのだが、相手チームには外国籍選手がいたこともあり、ビッグマン（背の高い選手）や3Pシュートなどが得意な選手たちのマークがきつくなることが予想された。そこで比較的背の低いガードポジションの僕や北谷が、ポストアップ（攻撃側のプレーヤーがポストエリアで防御側の選手を背にしてポジションを取ること）して戦うことになったのだ。

本来、ビッグマンが小さい選手にスクリーンをかけるのが一般的なのだが、その〝逆を突く〟というプレーを、僕はそのときに初めて実践した。これは今では普通に行われているプレーなのだが、当時はこうしたプレーをしているチームが少なく、「こういう発想もあるんだ」と、とても驚いたので鮮明に覚えている。

この経験は僕の中ではとても大きく、コーチになってからも常に「逆転の発想」をするようになった。「普通だと思っていることの逆を突く」。これは、その後コーチになってからの、僕の考え方の基本となっていった。

話を大学時代に戻すと、僕は周りからの期待がほぼなかったところからスタートし、〝なにくそ精神〟で、できる限りの努力をした。そのかいあってスタートで試合に出られるようになり、いつの間にか勘違いをするようになっていった。簡単に言えば、天狗になってしまったのだ。

拓馬さんの世代が抜け、僕が3年生になった頃には、僕たちの年代がチームの主力になっていた。僕を含めた3年生2人以外は全員1年生というメンバーで試合に出る状態が続き、こうした状況が僕を〝勘違い〟の道へ導いていった。

大学3、4年生のときの自分は、今振り返っても後悔が残る。勝てない試合があると、1年生や監督のせいにして不貞腐れていた。練習態度もかなり悪かったと思う。当然、周りの人たちから注意やアドバイスもされたが、当時は全く意に介さなかった。

このときの僕の感情はこうだ。

「1年たちは好き勝手にプレーするし、チームをまとめるなんて無理じゃん」

つまり、はなからチームをまとめることを諦めていたのだ。

でも、今はわかる。自分が1年生のときは、上の代の先輩たちがいるのに僕を試合に出してくれ、自由にプレーさせてくれていた。周りの先輩たちがフォローしてくれていたからこそ、僕は活躍できたのだ。自分がしてもらったことと同じように、1年生には自由にプレーさせて、3年生の僕が彼らをまとめることができれば問題なかったはずなのに、僕は「こいつら何やってんだよ。何で監督は何も言わないんだよ」と、他人のせいにしてばかりで不満がどんどん大きくなっていた。

当然チームはまとまりを欠いていき、3年生のときには2部リーグとの入れ替え戦に臨むことになった。このときは試合に勝利して、なんとか降格は免れたのだが、4年生のときにはとうとう2部に落としてしまった。

僕は2年生のときに関東選抜に選出してもらい、インカレでも優秀選手賞を受賞するなど、底辺からいきなり持ち上げられたことでどこまでも舞い上がり、完全に勘違いしていたのだ。しかし、当時はそのことに全く気づけず、恐らく周りからは「チームをまとめ上げることができない人間」なのだと判断されたのだと思う。

その証拠に、2年生までは「JBL（日本バスケットボールリーグ。2007年から13年まで開かれた男子セミプロバスケットボールリーグ）のチームから声が掛かるのでは？」と期待されていたが、いざ3年生になると僕に声を掛けてくれるチームは一つもなくなっていた。

当時、1度だけスタートメンバーから外されたことがあった。リーグ戦の初戦で勝利し、2試合目にいきなりスタートから外されたのだが、その試合は敗戦してしまい、僕は「ほらな、僕を外すからだよ」と思うだけで、なぜ外されたのか、その意味を考えようとはしなかった。その頃、いつも通っていたお店のマスターは人生の先生のような人で、いろいろな話をしてくれた。幾度も助けられたマスターの言葉ですら、そのときには聞き入れられる状態ではなかった。

両親は、よく東京まで試合を見に来てくれていたので、僕が勘違いをしていることを試合中の態度を見てわかったらしく、試合を見た数日後に母親から手紙が届いた。

そこには「監督やチームメートへの気遣いが全く感じられない。大学に入れてもらった感謝を忘れているんじゃないの?」と書かれていたのだが、それでも僕の心には響かなかった。

人生で失敗は数えきれないほどしてきた。だが、これだけ後に後悔を伴い、自分に試練を与える本当に大きく長い失敗が、この後の自分を変えていくようになる。

後悔を胸に前進を模索する日々

当時はbjリーグ（2005年に日本バスケットボール協会から脱退した2チームにより発足されたプロリーグ）も誕生しておらず、JBLに所属する8チームに入団する以外、トップリーグでバスケットを続ける道がなかった。しかも、ルーキーを採るのは各チーム多くて1人という現状。つまりJBLのチームに行ける選手は、多くても毎年8人という狭き門だ。

僕は大学時代に周りの信頼を失い、いざ進路を考える時期になったときにはどのチームからも声が掛からず、いよいよ卒業後に行く場所がないという状況になって、初めて自分のしてきたことの重大さを思い知ったのだった。

これまで就職活動を全くしていなかったので、JBLのチームに行けないとわかってから大学の監督に相談し、なんとか関東実業団リーグに所属する大倉三幸株式会社（現・新生紙パルプ商事）に入社することができた。入社後はルート営業をしながら水曜日と土曜日の週2回、所属するバスケットボール部の練習に励んだ。

大倉三幸はバスケットボールが好きな方が社長をしているということで、僕のように大学の1部リーグでプレーしながらトップリーグに行けなかった人たちを積極的に雇っており、そういう人たちと一緒に仕事をしながら練習する日々が続いた。

しかし、そこはやはり実業団で、メインはあくまでも仕事。週に2回程度の練習でさえ、全員が参加できるわけではなかった。僕はとにかく練習がしたかったので、同じ部署の上司に「練習には毎回行きたい」とお願いし、それを機に上司も積極的に練習に来てくれるようになった。すると次第に、周りの先輩たちも練習に参加してくれるようになっていった。

当時の仲間とは、今でもたまに飲みに行ったりもするが、「あの頃、自分たちはバスケはただの遊びだったけど、お前が来てからきちんとやろうと思うようになったよ」と話してくれて、なんだか照れくさいような気持ちになったりもする。

ただ、当時の僕は大学時代に「やりきれなかった」という不完全燃焼の思いが強く、「とにかく何かをやっていなければ」という焦りがあったのだ。あるいは、体を動かすことで、天狗になっていた自分への後悔を打ち消していたのかもしれない。

当時、一度就職をしてしまった人間が、バスケット選手として返り咲くなんてことはできるはずもなく、練習をしたからといって行く先がないことは十分わかっていた。だけど、ただじっとしていられなくて、とにかく来る日も来る日もトレーニングと練習を続けた。大学時代の自分を悔やんで、悔やんで……。叶わなかった夢、「プロの選手になってJBLでプレーがしたい」という思いが、どんどん強くなっていた。

入社翌年、ある人物が僕に声を掛けてくれた。日本リーグに所属していた実業団チーム、「大塚商会アルファーズ（現・B2越谷アルファーズ）」が翌シーズンからJBL2に上ることが決まり、新たに選手を集めているらしく、僕に「チームに来てほしい」という話があったのだ。

なぜ、僕に声が掛かったのかというと、大塚商会に入社した大学の同期が、チームに僕のことを推薦してくれたようだった。僕はそのとき、大倉三幸に入社して1年目。当時は、社会のシステムなんてまるでわかっていなかったので、会社に迷惑をかけたまま辞めてしまうことの重大さなどには全く考えが及ばず、「もっとバスケットができるチャンスが来た」とただ嬉しくて、「行きたいです」と率直に希望を伝えた。

紙の商社である大倉三幸と事務用品を幅広く扱う大塚商会は以前から取引があり、

僕の返事を聞いた大塚商会の専務は、僕と一緒に大倉三幸の社長に会いに行き、「最低でも5年間はうちの会社で面倒を見ます」と言って、僕のために頭を下げてくれた。大倉三幸の社長も、「そんなにやりたいなら……」と退社を承認してくれ、なんとか大塚商会行きが許可されたのだった。

退職前に仲間と温泉旅行に行ったときは、「頑張ってこいよ」と泣きながら激励されたことが忘れられない。彼らとは今でも付き合いが続いており、僕にとってはかけがえのない存在になっている。何もわからない若造を受け入れ、社会というのはこういうものだと学ばせてくれた。仕事では理不尽なこともあったが、それも会社員としては誰もが通る道であり、そうした社会の仕組みや仕事の大変さを身に染みて感じることができた。ただ、バスケットだけをしていたのでは経験できなかった貴重な経験をすることができたと、今なら自信を持って言える。

こうして意気揚々と転職したはずが、大塚商会では満足に練習に行くことさえできなかった。入社前に僕に声を掛けてくれた人物は、その後すぐに会社を辞めており、その人の代わりにバスケ部の部長になった人が、その後の僕の人生に大きな影響を与えることになる、閤師《こうし》敏晃さん（現・越谷アルファーズ会長）だ。また、このときに大塚商会アルファーズのキャプテンを務めていたのが、現在、宇都宮ブレックスのゼネラルマネージャー（GM）を務める鎌田眞吾さんだった。

鎌田さんとは、たまたま家が近かったこともあり、「土日の練習のときは、僕も一緒にクルマに乗せていってくださいよ」とお願いしたことから仲良くなった。

大塚商会は、入社して1年2カ月ほどで辞めた。2005年にbjリーグが立ち上がるのだが、それが僕を突き動かすきっかけとなったからだ。

大倉三幸同様、大塚商会も仕事がメインで、なかなか練習時間が取れないことにフラストレーションが溜まっていて、「もっと上を目指したい。バスケットに集中したい」、そんな思いが一気に爆発したのだった。

「本当にすみません」と頭を下げて大塚商会を退職し、bjリーグに所属する「埼玉ブロンコス（現・さいたまブロンコス）」からドラフト1巡目指名を受けて入団。そうして、とうとう憧れのプロ選手としての生活がスタートした。

ところが大いなる期待とは裏腹に、ブロンコスでは連敗が続いた。僕はキャプテンを務めていたのだが、主力選手のケガやヘッドコーチ（HC）の交代などが重なり、

1シーズン目はリーグ最下位に終わった。

また、bjリーグは外国人HCや外国籍選手の登録人数が多く、英語の話せない僕は彼らとのコミュニケーションがうまく取れず、彼らの考え方を理解するのに苦労した。プレーに対しても同様で、bjリーグ独特のルールや選手構成、求められるプレーの違いなどもあり、これまでに培ってきたものを全て崩されていくような気持ちに苛《さいな》まれた。

あれだけ望んでいたプロ選手になれたのに一向にうまくいかず、悶々と考え込む日々が続いた。埼玉でそんな2シーズンを過ごすうちに、僕はすっかり自信を喪失してしまったのだった。

そんなときに、大塚商会時代にお世話になった閤師さんが試合を見に来てくれ、こんな話をしてくれた。「大塚商会アルファーズは、リーグ（JBL）の会員資格を移譲することになった。栃木で新しいチームをつくり、2部リーグに参戦する。翌シーズンには1部リーグに上がることが決まっているので、そこでプレーしてくれないか？」

僕は、元々JBLでプレーすることが夢だったので、この言葉はものすごく嬉しかった。大学卒業後、JBLに行けないとわかってからは、JBLに行った同期の五十嵐圭（現・群馬クレインサンダーズ）や網野友雄（現・白鴎大学男子バスケットボール部監督）、先輩の渡邉拓馬さん、彼らと同じステージでバスケットをすることが夢になった。だから、その誘いにはすぐに飛びついた。

こうして2007年春、JBL2に新規参入する「栃木ブレックス（現・宇都宮ブレックス）」への入団が決まったのだ。

マイナスな発言を一切しない、田臥勇太の本当のすごさ

ブレックスでは、キャプテンに就任。スタートで試合に出場し、ファーストシーズンはJBL2で優勝することもできた。

翌シーズンからは、いよいよJBLの舞台で戦うことになる。僕は、ずっと夢見ていたトップリーグに行き、これまでの経験や悔しさを全てぶつけてプレーしようと意気込んでいた。

アメリカで挑戦を続けていた田臥勇太が、ブレックスに加入すると発表されたのはそんなときだ。正直、勇太がチームに加わることには複雑な思いがあった。

勇太の存在は、高校1年生のときに進研ゼミのCMで初めて知った。それまで、勇太のことは噂で聞くぐらいで個人的な接点はなかったのだが、大学時代にユニバーシ

アードの大会から帰ってきた同期との飲み会の席に勇太がいて、そこで少し話をしたことがあった。要は、会話をしたことがあるという程度で、大学時代もそこまで連絡を取るという仲ではなかった。しかし、勇太が日本に帰国してブレックスに入団すると発表された途端、日本中にニュースとして流れ、試合のチケットは即完売。もちろんすごい選手ということはわかっていたが、チームへの注目度がこんなに変わるのかというほど変わり、とても驚いた。あらためて勇太のすごさを実感した半面、心のどこかで「負けたくない」という気持ちがあったのも事実だ。だから勇太がブレックスに入ると知ってからは、自分が生きる道を模索する日々が続いた。

僕が考える勇太のすごさは、彼がコートに入ると「勇太の流れに変わる」こと。チームがスーッと落ち着くというのだろうか。それまで焦ってプレーしていた選手たちが冷静にプレーできるようになり、ゲームが流れ出す。つまり勇太は、その場の空気を変えられる選手なのだと思う。例えるなら、スラムダンクの仙道のようなプレーヤーだ。

勇太が、どうやって流れを変えることができるのか。彼のプレーを見ながら自分なりに考察してみたのだが、さっぱりわからなかった。真似しようとしてできるものなのではないのだと思う。勇太は、若い頃はスピードを活かしたプレーが得意だったが、年齢を重ねるにつれて、スピードと落ち着いて攻める場面を使い分けることが多くなり、その緩急の使い方などは見事と言うほかかない。何より特質すべきは、プレーヤーとしての意地やプライドの強さはほかの選手とは比べ物にならないほど強いこと。

さらに僕が感心するのは、常にポジティブな思考でいるところ。彼は元々、あまり周りの目を気にするタイプではなく、どちらかというと自分のスタイルにまっしぐらという感じなのだが、その半面、常に「見られている」という意識をしっかり持っており、マイナスな発言や態度は一切しなかった。どんな状況に陥ってもチームを鼓舞する姿勢は本当に素晴らしく、僕自身、学ばせてもらうことが多かった。

ブレックスがＪＢＬに上がって、初めて迎えたシーズン開幕戦。僕は勇太とともにスタートで試合に出させてもらった。憧れ続けた夢の舞台に立ち、「とうとうここまで来たんだな」と、その喜びを噛み締めた。その後、僕はトップリーグで3度の優勝をすることになるのだが、優勝したときより、ＪＢＬのコートに初めて立てたこの日の嬉しさの方が強く印象に残っているから不思議だ。

シーズンが進むにつれて、僕は勇太がベンチに下がったときに交代で試合に出場する、いわゆる〝つなぎ役〟となったため、その間に点差を縮められたり、逆転されることがないようにしたり、あわよくば、点差をさらに広げたり、もしその時点でビハインドを負っていたのなら逆転して勇太たちに引き継ぐことが僕の仕事となった。

とはいえ、自分としては少しでも長く試合に出たい。そういった意味では、同じ年齢で、同じポジションの勇太は、僕にとってプレータイムを争うライバルとも言える存在だった。

スポーツの世界に限らず社会生活の中でも比較される対象に対して、憧れや悔しさ、ときには妬《ねた》みというように、あらゆる感情を抱くことがある。時に相手を意識しすぎてしまうと、自分を見失ってしまうことにもなりかねない。そのため、「負けたくない」という気持ちは必要だが、「人は人、自分は自分」と割り切り、あまり気にしないようにすることが得策だったりもする。

実際、評価のされ方はそれぞれのため、まずは自分自身にフォーカスして、自分がやるべきことに一生懸命取り組むことが大切だ。やるべきことをやったら、そこにプラスαのことをしてみる。そうすると、どんどん評価も上がっていくはず。少なくとも僕は、そう考えるようにしていた。

もう一つは、相手を見て勉強するというのも一つの解決策だと思う。自分が劣っていれば頑張るしかないし、違う視点で見れば自分の方が良い部分も見えてくる。つまり、自分は自分と割り切った上で、自分の良さを見つけ出すチャンスだと考えた方が建設的だ。

僕自身、勇太のすごさは十分理解しており、彼のプレーから盗めるものはないかと観察しても、真似ができる部分などなかった。だから、僕は僕自身の良さは何なのかと自問自答し、自分にしかないものを模索した。

そんなときに思い出したのが大学の森下監督の言葉だった。

「考えながらバスケットをする」

恐らく、スピードがあればスピード、ハンドリングが長《た》けていればハンドリングと、能力のある選手は深く考えなくても自然とプレーできてしまうが、僕は人並みだったので、「考える」こと、そして「努力する」ことにおいては、幼少期から培われ、それが自分の「武器」と言えるまでになっていた。そこに加えて、「駆け引き」と「シュート力」。僕は、これらのことについては、恐らくほかの選手よりも長けているのではないか、そう思えた。

それ以降、ベンチに座って試合を見ているときは、相手がどういうバスケットをしようとしているのかを把握し、今、どこにアドバンテージがあるのか、自分がコートに立ったらどうするべきか、どんなフォーメーションを使うべきか、誰を使って攻めるべきかなどを常に考えるようになった。

一方、当時のブレックスには僕のようにＪＢＬ２から上がってきた選手と、すでにＪＢＬで活躍している選手、日本代表に選出されるような有名選手などが混在していて、全員が同じ方向を向いて一つにまとまることが難しい状況だった。

僕はこのシーズンもキャプテンを務めていたのだが、チームの輪から離れていってしまいそうな選手がいると、彼らを何とか輪に引き戻そうと努力した。そういう選手を常に気に掛け、声を掛けることであったり、食事に誘うことであったり、いろいろな手段でなんとかチームが一つになるようにと動いていた。

２００８−09シーズン、ブレックスの選手として１回目のリーグ優勝をしたときは、自分たちが強いなんて実感はほとんどなかったが、それでも勢いを持った状態で決勝まで上り詰め、最強といわれていた相手に３連勝して優勝することができた。

ところが、優勝後の３シーズンは低迷し、決勝どころかプレーオフ（ＣＳと同じ意味）にさえ出られなかった。

僕の現役最後のシーズンには、リトアニアからヘッドコーチ（HC）を招聘《しょうへい》し、ヨーロッパバスケへの転向を試みたが、うまく機能せず、戦績は低空飛行を続けた。僕自身もプレータイムが減少し、このシーズンは前向きな気持ちでプレーできなくなっていた。選手たちは、次第に結束力を欠き、勝てなくなったチームを応援するファンは激減。試合会場は徐々に空席が目立つようになり、選手のプレーにはブーイングが飛ぶことも珍しくなかった。ブレックスの歴史の中でも、一番苦しんだ時期だったと思う。

僕は、この低迷期に現役を引退した。

自分の中に、初めてJBLのコートに立ったときのような情熱がないことに気づいたからだ。とはいえ、バスケットへの情熱がなくなったわけではなく、なんとかしてこのチームの状況を変えていかなければいけない、そんな思いでアシスタントコーチ（AC）に就任した。

正直、選手時代のことは、もうあまり覚えていない。

選手としての最後の瞬間まで前向きな気持ちでプレーできなかったことは悔やまれるが、それがあったからこそ、今の自分があるのだという相反する感情もある。

引退を発表した後、記者の方に「一番、大変だったことは何でしたか？」と聞かれたことがあった。確かに、辛いことも大変なこともたくさんあったが、そうは言っても好きなことを仕事にしていたので、それすらも「楽しいこと」の範疇《はんちゅう》だったようにに思う。本当に辛かったのは、むしろ社会人として働いていたときだった。

自分がやりたいことを仕事にできる幸運な人間というのは、社会全体から考えればほんの一握りしかいない。僕自身、大倉三幸で営業をしていたときも、大塚商会で営業をしていたときも、「僕はなんでここにいるのだろう」「なんで、こんなに怒られなきゃいけないのだろう」と考えながら仕事をしていた。

でも、それが社会人にとっての「普通」だったのだ。生活していくためには、嫌なことでも、苦しい仕事も受け入れなければいけないし、自分を殺して大人にならなければいけないときもある。やりたいことができない苦しさを味わったあの時間が、僕の人生の中では一番辛く、その頃に比べたら好きなバスケットに関われているだけでも幸せだった。

確かに、最後の1年間は思うようにプレータイムが獲得できず、どこか諦めてしまった時期もあったが、その時点で選手としては一つの区切りだと感じている。だから引退後に、もう少し選手を続けられたのではないかと悩むこともなく、ACとして新たな一歩を踏み出させたのだと思う。

いかに関係性が構築できるか？大事にしたい〝人とのつながり〟

僕は大学卒業後には、「プロになる」という夢を叶えられなかったが、それでも諦めきれずに、ただただ頑張って練習を続けていたら、不思議とうまいこと話が進み、プロになることができた。プロになってからもいくつもの挫折を味わったが、大学時代のようにまた後悔はしたくないという一心で、気持ちを切り替えて頑張ってきた。

もちろん、ブレックスに来てからも気持ちのアップダウンはあったし、現在もないわけではない。現役の最後の頃は、試合に出る機会も減っていき、落ち込んだり、不貞腐れたりしていたのも正直なところ。だから「極限まで頑張ったか？」と当時の自分自身に聞いたら、きっと答えは「ノー」としか言えない。限界まではできなかった。その後悔もまた、今につながっているのだ。

だからこそ、思う。自分が見てきた選手たちには、できれば後悔はしてほしくない。選手たちに後悔させないためには、どう接し、どう行動しなければいけないのか。コーチになった今、それを常に考えるようになった。

どうやったら、「チームに関わっている」という気持ちを持たせてあげることができるだろうか。どうやったら、「全てをやり切った」という思いで、気持ち良く引退させてあげることができるだろうか。僕がコーチになってからは、いつもそんなことを考えて選手たちに接してきた。

もう一つ、大切にしてきたことがあるとすれば、それは、〝人とのつながり〟だ。客観的に自分の人生を振り返ったときに、「僕の人生って本当に面白いな」と素直に感じた。選手になれず、一旦は就職した人間が、人との繋がりだけで選手に返り咲き、そこからリーグを渡り歩き、トップチームに辿り着いて、優勝を果たした。しかも、選手、AC、HCという、それぞれの立場で1度ずつ、合計3度も日本一になることができた。こんなことが現実に起きるのだから、人生は捨てたものではないとしみじみ思う。

ちなみに、大学卒業と同時にプロの世界に入った、同期で親友の五十嵐圭とは、たまに酒を酌み交わすのだが、いつも「優勝したい」「そういうチャンスをものにしたい」と熱く語り合う。だからこそ実感できるのは、実力なんてほんの小さな要素に過ぎず、僕は人とのつながりのおかげでここまでくることができたということ。そのことに気づいてからは、一つの出会いを、無駄だと思うことすらも、大切にしようと思うようになった。

自分の人生の中で、出会える人間なんて限られている。苦手だなと思った途端、相手をシャットアウトしていたのでは、そこで関係性が終わってしまう。出会ったのも何かの縁。だから僕は、苦手な人にこそ自分から近づくことにしている。

皆さんも、会社やコミュニティーの中には、どうしても苦手だと思う存在がいるかもしれないが、そんなときは相手をシャットアウトする前に、どうしたらその人と関係性を築けるのかを探ってみることをお勧めする。

関係性づくりの一つの方法として、僕の場合は、食事や飲みに誘うことがある。上司には誘いづらいという人もいると思うが、僕は相手が上司でも自分から飲みに誘っている。なぜなら、自分が後輩や若い世代から飲みに誘われたら嬉しいからだ。

普段とは違う場所で一緒にお酒を飲んで、酔っぱらって、仕事とは違う一面を見ることができたら、「案外いいやつだな」と感じることもあるかもしれない。仮に女の子のいるような店に行ってデレデレしていたら、「飲みに行ったときは、デレデレしていたじゃないですか」と冗談交じりに言えるようになるかもしれない。そうでなくても相手との心の距離はグッと近づくだろう。

もちろん、お酒を飲むことでなくても構わない。食事でもスポーツでも、趣味でもいい。仕事とは違う時間を共有することで関係性を深め、相手を理解することに努めてほしい。それでも、どうしても関係性を築けなかったときは、諦めてもいい。人と距離を取ることは、それからでも遅くはないのではないだろうか。

僕自身が、食事に行ったり、飲みに行ったりすることが好きな人間性ということもあると思うが、振り返ってみてもコミュニケーションを取る機会をつくって良かったと思うことが多かった。そこで意見のぶつかり合いになることもあるけれど、それでもやっぱりコミュニケーションは大切だと思う。

僕の人生は、人との出会いに助けられた。辛いときに僕を助け、新しい道を提示してくれた人たちがたくさんいた。それは、こうして出会った人たちとの関係性を諦めずに築いてきたからだと思っている。

高校時代の穴澤監督、大学の恩師の森下監督、大倉三幸の仲間、大塚商会で知り合った鎌田さんや閤師さん。渡邉拓馬さん、同期の五十嵐圭や網野友雄、田臥勇太など数え上げるときりがない。僕は、彼らに出会えたことで夢への道が拓けて行った。

だからこそ、読者の皆さんには言いたい。人とのつながりを大切にしてほしい。そして、夢を決して諦めないでほしい。無駄だと思えることや、無理だなと思えるものが、実はその後の人生に生きてくることも少なくない。「一見、遠回りに見える道が一番近道」ということはよく言われるが、非合理だとか、遠回りだと思われることの中にも何かしらの効果や真実がある。失敗してもいい。でも、10年後には「その失敗や後悔があったから今がある」、と言えるようになろう。

夢も、人との関係性も、「諦めたら、そこで試合終了」だから。

第4章

コーチングの哲学

やるんだったら、突き抜けてやる

アシスタントコーチ（ＡＣ）とは、ヘッドコーチ（ＨＣ）のサポート役でありながら、選手の個性をＨＣのやりたいことに融合させていくことも仕事の一つである。つまり、ＡＣはＨＣのためにも、選手のためにも存在しなくてはならない。選手には個人の目標があり、それがチームの目標と必ずしもイコールにならないことがある。でも、それではチームは勝てないし、個人としてもフラストレーションが溜まってしまう。そこで両者の融合を図るために努めるのが、ＡＣの仕事だ。

ＨＣとＡＣの違いをわかりやすくするために例を出すと、試合で選手がミスをしてベンチに下げられたとき、選手は「どうして？」とか「もう少し試合に出て、取り返す時間をくれよ」とさまざま感情を抱くだろう。そういう時に声を掛けて、「こういう状況だったからミスが起きた。でも、また次があるから気持ちを切り替えろ」とアドバイスするのがAC。あくまでも試合の流れに集中し、勝つための采配に徹するのがHCだ。

そうしたことを踏まえても、ACにとって一番必要なスキルはコミュニケーション能力と言える。選手が不満を抱えていたり、暗い顔をしていたりするときに、いち早く気づき話を聞くなど、選手に寄り添い、心の在り様を察知する感度の良さを持っていたい。

僕がACになって最も力を入れて取り組んだのは、この「コミュニケーションを常にとる」ことと、「ディフェンスの強度を上げる」ことだった。当時、僕と一緒にACに就任した佐々宜央（現・宇都宮ブレックスHC）と一緒に、チームに足りないものは何かという部分で話し合ったのだが、その際、「ディフェンス」ということで意見が一致した。しかも、「〝ただやる〟のではなく、〝突き抜けて〟やろう」という目標を掲げた。

こう意見が一致したのは、ある選手のプレーがきっかけだった。

僕がACになって1年目、ブレックスはプレーオフでアイシンシーホース三河（現・

シーホース三河）というチームに敗戦してシーズンが終了した。その時にとても印象に残っていたのが、当時アイシンに所属していた橋本竜馬（現・アルバルク東京）が、ブレックスのガード陣にハードにプレッシャーをかけていたことだった。

バスケットボールは、ポイントガードがゲームをコントロールするのだが、その司令塔の選手を徹底的に潰《つぶ》され、それが原因でチームはリズムを崩された。試合後、なぜ、うちのチームは負けたのかと考えたときに、「やはり、あのディフェンスにやられたのだ」と意見が一致したのだ。

また、ディフェンスからのトランジション（攻守の切り替え）、オフェンスリバウンドを取ってセカンドチャンスというスタイルが当時のチームの基礎になっており、というか、そうしないと点数が取れないということが自分の中で明確になっていたため、「点数を取るためにディフェンスを激しくやる」という土台の部分を徹底するべく、本気でディフェンスの強度を上げるための練習に取り組んだ。

ディフェンスは、技術云々の前に「意識」の問題だと思っている。つまり、「やるか」「やらないか」だ。自分たちは、それを〝突き抜けてやる〟と決めた以上、何度も何度も繰り返し、「意識」が変わるまで続けた。

ポイントとなるのは、死守するべきところを明確にすること。同時にやられても仕方がない場所をつくっておくことだ。

例えば、「Aという選手には絶対にボールを持たせない」というルールを決めたとしたら、その分、別の選手に隙を突かれる可能性も出てきてしまう。これだけ点数が入るスポーツで相手の得点をゼロに抑えるいうのは不可能なため、もうそこでやられたら仕方がないと捉えるしかない。そういう逃げ道を用意しておかないと、選手たちはやりようがないからだ。「こっちを守れと言われて頑張って守ったら、別のところでやられた。そうしたら、今度はこっちも守れと言われるが、両方を1人で守るのは無理だ」となって、結局どちらも中途半端になってしまうというケースが結構多い。でも、「Aを絶対に守れ」と言われたら、そこだけを徹底してやり続ければいいし、「もし、ほかの選手にやられたら、それはコーチ陣の責任でいいから」という言い方をすれば、選手は守りやすいのではないだろうか。

このように、何かを徹底してやらせるときには、やられても仕方がない場所を必ずつくっておくこと。一つのルールをつくれば、そこからはみ出る部分はしょうがないという考え方だ。そうして、はみ出た部分の責任はこちらで取ると、責任の所在を明確にすること。実践する側には、そうした余白を与えることが必要であり、こうしたことはスポーツに限らず、仕事でも同じことが言えるように思う。

こんな感じでシーズン開幕前の夏の時期から、ディフェンスの強度を上げるための練習を徹底的に繰り返した。やり過ぎるぐらいにやって、初めて人は変われる。僕たちは何度も何度も、嫌というほどディフェンスの練習をした。後に、ブレックスが「ディフェンスのチーム」と呼ばれることになる、その第一歩がこのシーズンにあったように思う。

ディフェンスを強化していった延長線上にあるのが、「BREX MENTALITY」だ。ディフェンスで頑張って、リバウンドを取る。仮にリバウンドが取れなかったとしても、そこで手から弾かれたルーズボールを追い掛ける。つまり、BREX MENTALITYの土台となるのは、やはりディフェンスなのだ。

実は、ルーズボールの練習というのはなかなか難しくて、飛び込む癖をつけるしかないのだが、癖をつけるためにしたことといえば映像を見せたことぐらいで、あとは第2章で書いた通り、誰かがやり出したことで徐々にチームに浸透していったというのが実際のところだ。

僕がHCになったときには、そうしたプレーができない選手は、すぐにベンチに下げた。プレータイムがあるかどうかは、そうしたプレーができるかどうかという状況にしていき、ボールへの執着心を積み上げていった。

今では笑い話だが、当時、川崎ブレイブサンダースのHCをしていた佐藤賢次さんとAC時代に一緒に飲んだことがあり、そこで賢次さんが「今、チームにはディフェンスをやらせているんだよね」と話していたことがあった。僕の中では、うちほど厳しくはやっていないだろうという確信があったので、「それでやらせてるって言っちゃ駄目だよ」と酔っぱらって話したのだが、その後、川崎と対戦した際、ハードなディフェンスで苦しめられ、そこに対応することができずにブレックスが負けてしまったことがあった。

当時、一緒にACをしていた佐々から、「あんなことを言うから、川崎が本気になっちゃったじゃないですか。マジで、竜三さんのせいですよ（笑）」と、冗談交じりに叱られたことがあったが、それも今となっては良い思い出だ。

それぐらい、現在の日本のバスケットボールはどこのチームもディフェンスの強度が上がっている。結局は、「ディフェンスが強いチームが勝つ」という結果を目の当たりにして、多くのチームがより力を入れて取り組むようになったのだと思う。

選手を育てるには、役割を与え後押ししながら一緒に取り組む

選手の育成、スキルアップもACの重要な仕事である。僕は、個人スキルの向上のため、練習や試合の前後には、選手のワークアウト（個人練習）に付き合っていた。しかし、選手の自主性にだけ任せていると、やりたくなければやらないという状況になり、その後の成長が見込めない。そこで、まずはコーチ陣が先導してワークアウトをさせ、ある程度の時期を過ぎた時点で、選手の自主性に任せるようにした。そうすると、次第にワークアウトをやらなくなってしまう選手も出てくるのだが、やはり、その後もきちんと続けている選手の方が成長も早く、それを見て、選手自身がまたワークアウトの必要性を実感して、やり出すということもあった。

当時、ブレックスには古川孝敏（現・秋田ノーザンハピネッツ）という選手が在籍

していたが、彼は誰よりも練習量の多い選手だった。とにかくシュート練習を黙々とやるタイプの人間で、ブレックスではエースとして頭角を現し始めていた。ディフェンスの能力も高く、シュート確率も高い。その上、努力を惜しまない人間だったため、次第に日本代表でも活躍するようになっていた。

この古川と同じポジションだったのが、須田侑太郎（現・名古屋ダイヤモンドドルフィンズ）という選手だ。須田は、練習生としてスタートし、その翌シーズンから正式なメンバーになった選手である。当初からディフェンスの足はあるなという印象だったが、まだまだ伸びしろがある選手で、試合ではプレータイムがほとんど獲得できておらず、なんとか活路を見出してあげたいという気持ちで見ていた。

そこで僕は、「古川のような選手でも、毎日あれだけ個人練習をしているのだから、そこに及ばない選手はもっと個人練習をするべきじゃないか」と、全体練習前後のシュート練習を須田に勧めた。彼はそれを受け入れ、個人練習を数週間続けたのだが、ある日、須田から「シュート練習は少し休みたいのですが……」という申し出があった。疲労も溜まっていたことも理解していたので、「わかった」と伝え、シュート練習はそこで終了となった。

僕としては、当然続けるべきだと思ったが、こうした個人練習は本人の意思で行わなければ意味がない。「やらされている」という状況では成長もないし、選手が嫌々やっているとしたら、それに付き合っているこちらも気持ち良く取り組めない。だから、「これは僕のためにやっているわけじゃないから、お前がやめたいならやらなくてもいいよ」と話した。

それから、数週間経ったある日、今度は須田の方から「やっぱり、シュート練習やります」と言ってきた。実はシュート練習をやらなくなってからの数週間で、シュート確率は低下していき、本人も練習の必要性を実感したようだった。それからの須田は、古川に勝るとも劣らないほど熱心にシュート練習を続けた。

須田は、ブレックスに在籍していたこの時期だけ努力をしたのではなく、恐らく他チームに移籍してからも、しっかりと個人練習を続けたのだと思う。そうした努力の継続が、今の彼をつくったのだ。今では、日本代表に選出されるような選手にまで上り詰めた。

また、そうした努力をしても、なかなか結果が出ずに伸び悩んでしまう選手も存在する。そんなときは、一緒に原因を探ることに努めた。

例えば、全くシュートが入らないというようにスランプに陥ってしまった場合。こういうときは、まずスランプ前の映像と今の映像を比べて、何が違うのかを見つけ出す。同じだと思っていたシュートフォームも、実は手の角度が違っていたり、膝の曲げ方やタイミングが微妙にずれていることがある。いつの間にか変化してしまったフォーム、リズムを元に戻すだけでも、調子が戻ってくることがある。

ベテランの喜多川修平（現・B2越谷アルファーズ）は、一時そうしたスランプに陥ったことがあった。修平は、「ベスト3Pシュート成功率王」を獲得したこともある生粋のシューターだ。そんな彼が、シーズンの序盤に右アキレス腱を痛めてしまい、復帰してからも「足で地面をつかむ感覚がなくなった」と語っていた。この言葉通り、3Pシュートが一向に入らず、41％もあった成功率は、一時20％を切ってしまうほど落ちてしまった。

僕は過去のシュートフォームの映像を徹底的に見返すうちに、現在とボールを放つ位置が微妙に違うことに気づいた。そこで、修平に「以前はもっと打点が低かったはずだ」と伝え、元のシュートフォームの感覚を取り戻せるようにアドバイスした。

また、自信をつけさせるために、「外してもいいから、空いたらどんどん打て」などと声を掛けた。ずっと調子が悪いからといって、見捨ててはいないということを理解させるためにも、頻繁に声を掛けることは大切だと思う。仮にシュートが入らなくても、ディフェンスで良いところがあったら、その映像をチームのミーティングで見せるという方法もある。きっかけがつかめればガラリと変わるので、そのきっかけをつかめるようにコミュニケーションを取って後押ししたり、自信をつけさせたりすることを心掛けた。

こういったことは、一般企業でも同じだと思う。部下を育てるには役割を与え、それを後押ししながら一緒に取り組むことが重要で、「最後の責任は俺が取るから大丈夫。考え過ぎず、思い切りやれ」と話せば、少しプレッシャーからも解放されて、仕事に臨めるのではないかと思う。

修平の場合、AC陣の協力もあり、かつてのシュートフォームと自信を取り戻し、見事にスランプを乗り切ってくれた。

提案したプレーが採用されて結果を出すことでつかんだ自信

選手と寄り添うこと以外にも、対戦相手のスカウティング（相手チームの分析）もACにとっては大切な仕事である。そのため仕事量としてはとても多いのだが、それだけに選手の成長が見えたときや自分がHCに提案したことが採用されたときなどは、とても充実感を味わうことができる。

ブレックスの歴代のHCたちは、比較的ACの意見を聞き入れてくれる人が多く、「スカウティングの結果、試合ではこういうことをやった方がいいですよ」と提案したり、「もっとこういうディフェンスをしましょう」と話したりすると、「どう守るかは、君が決めていいよ」と言われることもあった。

実際に僕が提案したプランが採用された試合があるので、その一例を紹介したい。

２０１６－17シーズンのＣＳセミファイナル（準決勝）は、ホーム、ブレックスアリーナ宇都宮で西地区１位のシーホース三河と対戦した。先に２勝した方がファイナル（決勝）に進めるというレギュレーションで、もし１勝１敗となった場合は、３戦目を別日に行わず、２戦目終了後にそのまま10分間のショートゲームを行うという、かなりイレギュラーなスタイルで行われたシーズンだった。

１戦目は危なげなく勝利したブレックスだったが、２戦目は苦戦を強いられ、第３Ｑ（クォーター）が終わった時点で19点のビハインドを背負っていた。この点差を残り10分で覆せれば勝利となるが、それが叶わなかった場合、そのまま３戦目が行われる。選手の体力的な部分を考えても、２戦目で何がなんでも勝利したいところだったが、健闘したものの逆転までには至らず、わずか１ゴール差で敗れてしまった。

２戦目の終盤に猛烈な追い上げをしたベンチメンバーのおかげで、体力を温存できたスタートメンバーが、３戦目のコートに入った。そうして残り時間５・９秒で12－12と同点を迎えたとき、ブレックスのトーマス・ウィスマンＨＣはタイムアウトを取得。そこでHCと、ショーン・デニスACと僕とで、ラストワンプレーをどういうオフェンスでいくべきかを話し合った。

実は、2戦目の最後のプレーで、ライアン・ロシターという選手がシュートをしたのだが、そのシュートは外れてしまい、結局、逆転することができなかった。こうした経緯があったため、3戦目の残り5・9秒のタイムアウトの際に、ライアンがコーチ陣のところに来て「俺にボールをくれ。俺が最後にシュートを決めたい」と言ってきたのだ。僕たちはそれを尊重する判断をし、いかに彼にボールを持たせるかという点で意見を出し合っていたのだ。

そこで採用されたのが、僕のプランだった。僕は、ボードを使い選手たちに指示を出したが、相手のいることだから狙い通りに行くとは限らない。しかし、選手たちはプラン通りに遂行してくれ、最後にはライアンが見事にシュートを決めて、ブレックスは勝利することができた。

試合後の記者会見で、ウィスマンHCはこうした一部始終を記者たちに説明した上で、こう付け加えた。

「それぞれの選手、それぞれのスタッフが判断する力、判断できる権限を持っていることがこのチームの良いところであり、このチームの強さです。そういった意味で、最後のプレーは本当にこのチームを象徴したプレーでした。それができるのがTRUE TEAM（真実のチーム）なのです」

僕がＡＣだった頃は、ウィスマンＨＣのやり方について疑問を抱いたり、ときには不満を持ったりすることもあったが、周りの意見を取り入れてくれる寛容さもある人で、コーチとしての経験が浅い僕にとっては、彼のコーチングの仕方はいろいろと勉強になることが多かった。

僕は、こうした体験を経て、コーチという仕事の魅力をより深めていった。

関係性さえ構築できていれば板挟みになって苦しむことはない

先に書いたように、ACはHCと選手の関係性を円滑にするための存在でもあるため、いつも選手の方だけを見ているわけにもいかない。HCが、選手にきつい叱り方をしたときなどは、あとで選手を呼んで少し柔らかくして伝えていた。もちろん、できていない部分ははっきりと伝えるようにしていたが、お互いの信頼関係が保てるように〝言い方〟に気を配ることも大切だと思い、僕はそうしていた。その一方で、選手の考えを聞き、それをHCに伝えることも重要な仕事である。HCには、「選手にはしっかりと伝えた。次からはしっかりとやってくれると思うから、信じて使ってあげてほしい」と口添えすることもあった。

ACは、会社であれば中間管理職のような側面もあり、場合によっては上司（HC）

と部下（選手）との板挟みになることもある。でも、それは関係性を構築できていないからで、信頼関係を構築できていれば、事前にそうなることを防げるのではないかと思う。

選手の個人練習に付き合ったり、選手の成長を考えて行動していれば信頼関係は自然と築かれていくものだ。ただ、HCが話した言葉をダイレクトに伝えたり、試合で駄目だったところを厳しく指摘するだけでは、ACがいる意味がない。できていない部分を指摘するのであれば、どうやったらそれを克服できるのか、もっとうまくなるのかを、AC自身が考えて一緒に練習する、というところまで責任を持って寄り添うべきで、それがACの本来の仕事だと思っている。

つまり、「改善策を一緒に考える」「一緒に実践する」。そこで初めて、「自分も選手と一緒に取り組んでいるから、もう少し我慢して使ってほしい。結果は必ず出るはずだから」とHCに言えるようになるのだ。結局のところ、そこまで選手に付き合えるかどうかが、ACの資質なのだと思う。

ただ、そうしたときに注意もしなければいけないことがある。「当の本人は、本当は嫌がっているのではないか」と考えてしまうことだ。そう考えてしまうと踏み込んで行けず、どうしても関わり方が浅くなってしまう。そのため相手がどう思っているかという部分は、その後の問題として一旦割り切ることが大切だ。まずは、こちらから踏み込んで一緒に取り組み、コミュニケーションを取る中で、選手の本心を感じていければいいのではないだろうか。

「やるべきことをやってから」自分の意見を言うようにする

中間管理職の立場として多いのではないかと思うのが、自分の意見が通らないケースだ。結論から言うと、それは通らないなりの理由があるからだと思う。意見を言う以前に、上司から言われたことをきちんと取り組んでいるだろうかと、自分自身を振り返ってみてほしい。それができていないのに、自分の意見だけを通そうとしてはいないだろうか。

まずは、自分が求められていることを、しっかりと行うこと。その上での意見なら、上司が聞く耳を持たないはずがない。そこまでやったのに、自分の意見が通らない場合は、上司の問題と言うほかない。

僕は、たとえ納得いかないことであっても、それが仕事なのであればきちんと取り組むことにしている。実際、僕がACのときは、そうした経験を何度もした。「この人は、一体何を言ってるのだろう」と納得できないままHCの指示に従い仕事をしていたけど、いざ自分がHCになってみたら、「こういうことだったのか」と気づくことが多かった。その人と同じ立場になったときに、初めて理解することができたのだ。

「立場が違えば考え方が違うのは当然のこと」。このことを頭の片隅に入れておけば、今の自分にはわからなくても、きっといつかそれが理解できる日がくるのだろうと思えるようになるし、そう思えれば、取り組むこともそれほど苦ではなくなるはずだ。

付け加えるなら、どんなことでもやり続けないと成果は出ない。納得しないまま仕方なくやり始めたものの、やっぱり嫌だと途中でやめてしまうと、自分の意見は通らない、人が言われたこともやれないという、ただ中途半端な人間で終わってしまう。だからまずは、やり続けてみてほしい。100%納得していなくてもいい。「見返してやる」という気持ちでもいい。信頼関係を得るには、やり続けて成果を出すしかないからだ。

そこまで徹底して取り組んでも、まだ評価しない上司も存在する。酷なことだが、それはそれで仕方がないと考えるしかない。自分の考えや感情は変えられるが、他人の考えは変えることができないため、変えられない部分にいくら執着しても意味がないし、自分の時間が勿体ないだけだ。

ただ惰性で取り組み、その結果、成果も出ず、評価もされないというケースが一番心を消耗してしまうので、結果はどうあれ、とりあえず頑張ってやるだけのことはやってみることを勧める。たとえ評価されなくても、全力で取り組んだ末の結果であれば、心がすっきりはするはずだ。

何にせよ、突き抜けてやり続ければ、いつか必ず評価されると僕は思う。もしかしたら、直属の上司からではなく、その周りにいる人から評価されるかもしれない。そうなったときは、逆に上司が周りから評価されなくなっていくことだってあるわけで、まずは「やり続ける」と覚悟を決めて取り組んでほしい。

バスケットの話をすると、練習メニューを考えるのはHCの仕事なのだが、前日になっても何もやらない、指示もしないコーチも存在する。そんな時、ACになったばかりの人が、「あの人、何もやらないんですかね?」と僕に話してきたことがあった。実際、僕もACになりたての頃は同じことを思っていたが、上司のやり方が変わらないのであれば、自分たちが変わるしかない。

この場合、上司に対しての不満を溜め込むよりも、切り替えて選手たちにどう練習させるかを考えるべきだろう。どうしても上司への不満が募り、気持ちの切り替えが難しいのなら、「自分は一体誰のために、何のために働いているのか？」というように、仕事の原点に戻って考えてみてほしい。

「自分は、上司のためだけに仕事をしているのか？」「HCのためだけに仕事をしているのか？」

そう自分自身に問うと、答えは自然と出てくるはずだ。そのために今、自分ができることは何かを考え、取り組んだ方が有意義ではないだろうか。僕自身もそうだったため自戒の念を込めて何度も言うが、「意見を言うときは、やるべきことをやってから」。それを決して忘れてはいけない。

ちなみに、僕は一度だけ上司にはっきりと自分の意見を言ったことがあった。試合の前日、僕だけが選手のワークアウトに付き合い、HCともう1人のACがずっとそれを見て指示だけ出してきたことがあった。HCもACも、僕よりかなり年上で、経験も実績もあるコーチ陣だったが、そのとき、僕は十数人の選手を1人で見ていたので、「僕が成長するための授業ならこのまま僕1人でやりますが、そうじゃないなら、あなたたちも手伝ってほしい」と、はっきりと伝えた。その結果、2人のコーチは一緒に取り組んでくれるようになった。

こんなときも、自分がやるべきことをやっていなければ、「お前だって、やっているのは今日だけだろう。何を偉そうに」と返されて、上司からはただ生意気な奴というレッテルを貼られていたかもしれないし、そもそもこうしたことも言えなかったと思う。でも僕には、やるべきことはきちんとやっているという自信があったので、自分の意見を臆することなく言えたし、上司もそれを受け入れてくれたのだと思っている。

僕は、よく人を食事や飲みに誘うということを先に書いたが、一緒に飲みに行くだけでは信頼されない。やるべきことをしっかりやった上でコミュニケーションを取りに行く。それが、人から信頼される確実な方法だと思う。

映像を使って現実を直視させる

僕がＨＣに就任したのは、ブレックスがＢリーグ初代王者になった翌シーズンの２０１７−18シーズンの途中からだった。チームは開幕から2勝9敗と苦戦を強いられていた時期で、これ以上連敗をするわけにはいかないという状況の中、当時ＨＣを務めていた長谷川健志さんが体調不良でシーズン途中で退任となり、その後任を依頼されてのことだった。

もちろん将来的にはＨＣになりたいと思ってはいたのだが、ＡＣになってから4年ほどしか経っておらず、まだ自分の中のＨＣ像が確立されていない時期だったので、正直に言うと、ＨＣを務める自信がなかった。だが、一緒にＡＣを務めていたマイケル勝久氏（現・信州ブレイブウォリアーズＨＣ）はＨＣの経験があり、右も左もわからない僕をサポートしてくれるということで少し不安が解消され、HCを務め上げる決意に繋がった。

少し話は逸れてしまうが、体調不良で退任された前任の長谷川さんは、大学バスケでは実績のある名監督だった。しかし大学とプロでは違う部分も多く、初めてプロチームを率いることにプレッシャーもあったようで、すごく悩んでいたことは何となくは理解していた。でも、まさかこんなにも早く退任されるとは思っておらず、僕自身、油断していた部分もあったと思う。今となっては、長谷川さんをサポートしきれなかったことが非常に悔やまれるし、申し訳なかったという思いが強い。実は、その後長谷川さんと話す機会があったので、自分の至らなさを後悔していると、遅ればせながら伝えさせてもらった。

僕にHC就任の話があったのはちょうど遠征に出ていたときで、しかも水曜夜の試合が終わった後だったので、夜中に近い時間帯だった。翌日は北海道に移動して、土日にはすぐに試合が予定されていたため、練習ができるのは試合の前日だけという状況だ。時間がない中で大きくシステムを変えることもできず、週末の連戦をなんとか1勝1敗で凌いだのはいいのだが、そこからどうやってチームを上昇気流に乗せていくのか……。しばらくは、眠れない夜が続いた。

HCになって最初に取り組んだのは、選手に見せる映像をつくることだった。敗戦が続いていたことで自信を無くし、チームがバラバラになっている印象があったため、これはシステムでどうこうするよりも、まずは自分たちの現実を受け止めてもらうことが先決だと判断したからだ。

「可視化して見せる」という行為は、何事においても効果的だと思う。バスケットの場合、自分の振る舞いを客観的に映像で見ると、「このプレーでチームの流れが変わっちゃったな」と気づくことがある。仕事でも、一生懸命にやっているけど、いつもどこか抜けているとか、何度言っても同じ間違いをする人間というのは一定数存在するもので、そういう人に自身の仕事ぶりを客観的に見せることは実に効果的だと思っている。もっとも、部下の働きぶりを動画に撮るという行為は問題があり、現実的ではないかもしれないが……。

僕は、選手たちが試合中のベンチでどういう振る舞いをしているのか、また、ある選手がボールを追ってコート上で倒れてしまったときに、周りの選手がどういう反応をしているのかがわかる映像を制作し、ミーティングの場でそれを選手たちに見せた。そうして、「今、君たちはこういう姿をファンに見せているんだ。こんな人たちを、お金を出してまで誰が見たいと思う?」、こう問いただした。

僕たちはスポンサーやファンの方々が応援してくれるから、仕事として好きなことをして生活ができている。だから、その人たちがどう感じているのかを、最優先で考える必要がある。極端なことを言えば、スポンサーやファンの方々が喜んでくれれば、それが正解なのだ。

僕は編集した映像を選手たちに見せながら、「強くても弱くても、チームが一体となって全力で取り組んでいる姿を見てもらうことが優先で、バスケットはその後だ」と伝え、一つの提案をした。

「全力で頑張った結果としてミスをしてしまうのは仕方がない。そこで肩を落としていたのではそれで終わりだ。まずは頑張った選手を全員が讃《たた》え、もう一度士気を上げて、次のディフェンスに全力で取り組もう」、こう話した。

これは日本人の特徴かもしれないが、高校野球を見ていても必死に頑張っている姿に共感してくれる人が多いように思うし、そうした姿を見せることがプロとしての責任だと感じていた。

また、自分たちがバスケットボールをして生活できるのは、自分たちを雇ってくれているチームが存在するからであり、チームには何かをもたらさなければいけないという気持ちもあった。その一つがファンを増やすことであり、スポンサーを増やすことだと考えた。

では、どういうチームならファンは応援したいと思うのだろうか。スポンサーはお金を出しても価値があると思うのだろうか。考えれば、すぐに答えが出た。「頑張っている」姿を見せるだけでは不十分で、そこに「一体感」がなければ人の心には響かない。僕は、そこにベクトルを向けてチームづくりをしていくという意思表示をし、「勝つこと、優勝することは結果論。結果よりも、そのプロセスを大切にしたい」と宣言した。

正直、この時点では「優勝を狙います」と言えるようなチームではなかった、ということもある。そのチャンスすらもつかめるかどうかわからないようなチームが、いきなり「優勝」なんて言葉を口にしても、「何言っているの？」ということになりかねない。だから、優勝という言葉は心の中に秘めて、まずはチームとしての成長を促した。順位的な目標というよりは、遂行力や自分たちが絶対にほかのチームに負けられない部分を、毎日考えながら生活していくことが、最後には結果につながるんだと考えていた。

最初の練習では、選手たちにこう話した。

「自分たちがどうやって生活できているのかを、しっかりと考えてほしい。1回の練習でいくらもらっているのか、一度計算してみなさい」と。

「自分たちは、自己満足でプレーしていい立場ではない。どんなときも手を抜いてはいけない。しっかり準備をすること、ケガをしないように最大限気をつけることは、プロとして当然の心構えだ」。チームのトップがこうした意識を持っているということを伝えることも大切なことだと思い、プロとしての心構えを伝えた。


僕が選手時代、JBLで優勝を果たした翌シーズンから3年間は、プレーオフに出場することができなかったのだが、その時期は、会場も空席が目立ち、選手たちへの罵声が飛ぶことも少なくなかった。僕たちは、勝てないことでコーチだけでなく、選手間でさえ信頼感が薄くなり、結束力はなくなっていたし、自分たちのバスケットにも自信を持てなくなっていた。

チームに一体感がないことは、きっと見ている人たちにも伝わっていたと思う。しかし、そうなってしまったのは優勝した翌シーズンのことだ。チームが一つになって全員で優勝という栄冠をつかみ取ったわずか1年後には、チームがバラバラになってしまい、あれだけ満員だった会場から人が消えていった。僕は、その一部始終を選手として体験したことが心に深く刻まれていた。

あのとき、試合に勝てなかったとしても、ベンチでただ下を向いているだけではいけなかったのだ。勝てないなら勝てないなりに全力を尽くすべきだったし、試合を途中で諦めるような姿を、決してファンに見せるべきではなかった。結局、優勝したチームとは180度変わってしまったそのときのチームを、再びプレーオフに進出できるところまで立て直すのに、3年を要した。

こうした経験で学んだことは、たとえ大きくメンバーが替わらなくても、翌シーズンには全く別のチームのようになってしまうことがあるということだ。僕が、「プロとしての心構え」や「チームの目指す姿」、「何を大切にしてプレーするべきなのか」、というようなことを何度も何度も言い続けたのは、言い続けなければ人はすぐに忘れて楽な方に流れてしまい、一度そうなってしまった後に、再び元に戻すにはかなり時間がかかるということを知っていたからだ。

優勝はあくまでも結果論。大事にしたいのはプロセス

「優勝することは結果論。そのプロセスを大切にしよう」とは言ったものの、自分にはHCとしての責任が伴う。僕の中では、自分が信じるチームをつくれば勝てる、優勝できるという想いがあり、そこに選手たちを導くわけだから、「優勝以外は失敗」だと、心の中では思っていた。逆に言えば、自分の考えるチームの理想像が現実のものとなれば、自ずと優勝という結果に辿り着き、「こうした考え方が正しいと証明することができるはず」という考えがあった。だが、もし自分の考えを貫いた挙げ句、結果が伴わなければ、その責任を取ってHCは退任しようと決めていた。

僕は、その第一歩として、「どういうチームでありたいか」というチームづくりにおいての理想の姿を設定し、そうしたチームになって「CSに出よう」という、最初

の目標を掲げた。

目指すのは、第2章で書いた「強く、愛されるチーム」だ。

「目指すべきチームの姿」を明確にしてからの僕は、選手たちには厳しさを持って接した。練習では少しの気の緩みも許さない。指示したことができなければ練習をすぐに中断し、その都度、注意した。ときには練習を一旦止めて、30秒ほど何も話さず、なぜ練習を止められたのかをそれぞれに考えさせることもあった。

試合中も同じで、タイムアウトを取っても一言も発せず、少し離れた場所にいることも少なくなかった。当時は、こうした行動の意図をよく聞かれたが、僕は試合でチームルールが守れないときや流れが悪いときにはタイムアウトを取るが、やるべきことは試合の前に全て伝えていて、それができていないだけなので、あらためて言うこともなかった。だから、「もう、わかってるよね？」という意味合いのタイムアウトであり、言うことはないから離れて見ているという状況だった。

また、自分が怒っているということを選手に伝えるという意味で、「黙る」という方法を取っていた側面もある。とにかく、試合を諦めている姿勢が許せない。それをファンの人たちに見せることはプロとして失格だと思ったし、たとえ試合に勝っていても、やることをやっていなければ何も嬉しくなかった。だから試合後の控室は負けたチームのようにシーンと静まり返ることも少なくなく、そのときは笑顔を見せることもなかった。

試合に勝っても笑わない、タイムアウトを取っても一言も話さない。そんな僕を見て、「怖い」「いつも怒っている」と言われることが増えていったが、僕は一切意に介さなかった。とにかく、自分の目指すべきチームをつくり上げるまでは……。そう思い、自分の信じる道を貫き通した。

HCになってからの僕は、選手とのコミュニケーションを取ることも、ふざけることもだいぶ減っていた。責任が重く、選手たちと一緒にふざけている場合ではないという気持ちもあったが、全員を試合に出すというスタイルを取っていたため、誰か1人に声を掛けると、それがプレータイムにつながっているのでないかとあらぬ誤解を生む可能性があったため、コミュニケーションを取るのも均等を心掛けた。

一般的に、HCは孤独な存在だと言われるが、僕の周りにいた人たちは、僕にそう思わせることはなかった。これはACやGM、フロント陣が、僕の目指すチームの姿、そのためのプロセスをきちんと理解し、受け止めてくれていたからだと思う。逆に、もし、そうした人たちが自分から離れていったなと感じたら、いよいよ潮時だと思っていた。

保身は一切ない。「お前は間違っている」と言われれば、いつでも辞める覚悟はあった。だが、最後まで僕に孤独を感じさせずに接してくれた周りの存在が、本当にありがたかった。

ヘッドコーチとしての苦悩との向き合い方

ＨＣという仕事は、考えることが多く、批判にさらされることが多い仕事だと思う。勝てない試合が続くといろいろと言われることもあるし、意識せずとも自分のことを批判的に書いているＳＮＳなどを見てしまうこともある。

「全てをわかっている訳じゃないくせに」「あなたたちが考えているようなことは、こっちは当然考えているんだよ」

そう言いたい気持ちをグッと抑えるのだが、１人でずっと抱え込んでいるとストレスが軽減されず、イライラが募るだけ。そんなときは、誰かと話すことで吐き出すようにしていた。ブレックスでは、そういう人が周りにいてくれたことも、すごくありがたかった。

あるシーズンは、開幕戦で2連敗してしまった。僕は試合後、家に帰り映像を見ながら、何がいけなかったのかをチェックしていたのだが、自分に対してどんどんイライラが募っていってしまった。そんなときに、鎌田GMが「ACたちと飲んでいるから来ないか？」と誘ってくれて、途中から参加させてもらった。飲みながらあーでもない、こーでもないと話をしているうちに、不思議とイライラが薄れていった。聞いてくれる人、共有してくれる人がいるというだけで怒りや辛さは軽減されるものだ。そうした人が周りにいるというのはすごく重要なことで、吐き出すことがストレスを軽減させることにつながっているのだと実感できた出来事だった。

連戦の1日目に負けてしまうと、翌日の試合はどう戦うべきかと考えているうちに、そのまま朝を迎えてしまうこともある。でも、そのことだけを考えていても良いアイデアが浮かんでくるとは限らないし、考え過ぎてもしょうがないなと、あるときから思うようになり、ホームゲームの日は近くの日帰り温泉施設でリラックスすることにした。

試合の2時間前ぐらいまでじっくりお風呂に浸かっていると、「あれ、今日試合じゃないの？」と声を掛けられたりもする。「今から行きます」と返事をすると、「余裕だね〜」なんて言われることもあったが、そうやってお風呂に浸かりながらも、試合のことを考えていた。

コーチの中には、ずっと真面目なHCでいなければいけないと考える人もいるが、僕はそういう考え方はあまり好きではない。やることをやっていれば、何をやってもいいんじゃないかと思うタイプで、服装などもHCならこういう格好をしなければいけないという型にはまったイメージでいることが心底苦手だ。例えば、毎回シャツをインする必要があるのかな、などと思っている（笑）。ただでさえ気にしなければいけないことが多い仕事なのに、そういうところまでストレスを感じたくないというのが、僕の本音だ。

また、こういう仕事をしていると時間がないのは当たり前なので、稀に「すごく忙しい」とアピールする人もいるが、それはやり方の問題なんじゃないの？　と思っていたりもする。時間なんて仕事の仕方でいくらでもつくれると思うので、「大変だ」とか「忙しすぎる」という辛さは、僕自身はあまり感じたことはない。

AC時代は選手とこまめにコミュニケーションを取っていたものの、HCになってからはコミュニケーションを取ることが少なくなったため、例えば選手に何か伝えたいことがあるときなどは、メディアの取材に答える形で間接的に選手たちに言いたいことを伝える、という形を取ることがあった。当然、その逆のケースもあって、インタビューに答える選手の言葉を通して、彼らの考えをあらためて知ることもある。

ブレックスには、下部組織「Dライズ」からブレックスにコールアップされ、スタメンを勝ち取った遠藤祐亮という選手がいる。あるシーズンの開幕前、台湾で開催された国際親善試合にチームが参加した際、外国籍選手のエースに誰をマッチアップさせるべきかとHCと議論になったのだが、そのとき、僕は遠藤を推薦した。遠藤なら止められるんじゃないかと思ったからだ。

その試合で見事に相手を抑えたことでディフェンス力が認められ、また、遠藤自身も努力を重ねていき、遠藤は徐々にブレックスで確固たる地位を築いていった。遠藤は、その後ブレックスのスタメンの座を勝ち取っただけでなく、リーグの「ベストディフェンダー賞」や「ベスト5」に選出され、また日本代表候補になるまで上り詰めた。

実は、以前「安齋さんはどういうHCですか?」という質問に対して、遠藤が答えた内容を教えてくれた人がいた。彼は、こう言ってくれたらしい。

「1年間だけですがプレーヤーのときから一緒にやっていたし、ACになってからも、話しやすくてずっとコミュニケーションを取っていました。HCになってからはそんなに話す機会はなくなりましたが、信頼関係は一番あったんじゃないかなと思います。僕も信頼していたし、竜三さんがメディアで話した言葉を聞くと、僕を信頼してくれていることが伝わってきました」と。

そうして、その一例として話したのが、ある試合の最後のシーンだったそうだ。

「例えば、試合時間が残り5秒で、2点負けているところで最後の3Pシュートを打つというように最終局面でのシュートを任されたとき、『遠藤が打って、仮にそのシュートが外れて負けたとしても、これまでの過程があるから大丈夫。誰も文句は言わない』と言ってくれてすごく嬉しかったんです。この言葉がなかったら躊躇していたと思うけど、この言葉があったから打ち切れました。そういうシュートがたくさんありました」、こう話してくれたそうだ。

僕にとってはとても嬉しい言葉で、こうした選手とともに成長してくることができたことは、自分にとっても本当に幸せなことだったと実感した瞬間だった。

応援されるチームになって、勝つ

僕がHCを引き継いだ年は、CSに進出したもののクォーターファイナル（準々決勝）で負けてシーズンが終了した。2シーズン目はセミファイナルで敗戦。3シーズン目はコロナの影響でシーズンが途中で終了してしまい、そうして4シーズン目となる、2020－21シーズンを迎えた。

HCに就任して以来、厳しさを持って取り組もうと決意し、全力で駆け抜けた4シーズン。おかげで毎シーズン少しずつステップアップしていき、周りの評価も徐々に自信につながっていった。スポンサーやファンの方たちが僕のやり方についてどういう反応を示すか、僕の指導法がこのチームに合っているのだろうかと考えると、少しも不安がなかったと言えば嘘になる。選手たちにずっと厳しく接することに批判が上がり、「もっと楽しくプレーさせてあげればいいのに」というファンの声が上がるチームだってあるだろう。

それでも、ただ楽しいだけじゃ勝てないし、厳しさの先にこそ楽しさがあり、そうして勝ったときこそみんなの心底喜ぶ姿が見られるはずだと、それだけを楽しみにしてやってきた。

この4年間で選手たちの意識も変化し、チームとしての成熟度も過去最高だと思えるところまで辿り着いた。僕には、そんな自信があった。

「自分がつくりたいチームをつくり上げ、自己犠牲を厭わず、応援されるチームになって、なおかつ勝つ」

僕はこのシーズンが始まる前、こんな目標を立てた。優勝という結果を残すことで自分がやっていることを正しいと思いたかったし、自分がやってきたことを結果に結びつけたいという思いがあったのだ。

2020－21シーズンは、僕の中では「集大成のシーズン」「完成形のチーム」という手応えを感じる中で、迎えることができた。

その感触どおり、チームはレギュラーシーズン1位となり、いよいよCSに突入した。CSも順調に勝ち進み、とうとう念願のファイナルまで駒を進めた。

ファイナル1戦目。選手たちは緊張のためかどこか硬さがあり、焦ってプレーしている状況が続き、なかなか落ち着いたプレーができないままずるずると点差が開き、敗戦となった。

2戦目はなんとか勝利して勝率を振り出しに戻し、運命の3戦目を迎えた。

3戦目は、最後の最後までどちらが勝ってもおかしくないような接戦となったが、あと一歩のところで力及ばず敗戦。その結果、2勝1敗で優勝を勝ち取ることはできなかった。

ファイナルは1戦目が重要と言われるが、気持ちの部分をそこにしっかりと持っていけなかったことが悔やまれる。それが後々まで尾を引いてしまった。

負けた後は非常に悔しかったが、これまでやってきたことを失敗だとは思わなかった。というのも、その前のシーズンまでは、シーズン終了後には「もっとできたんじゃないか」と思う部分も少なからずあったが、このシーズンはそうした後悔もなく、「これで勝てなかったら、もう、どうやって勝てるのかがわからない」という心境にさえなっていたからだ。

「厳しさ」というベクトルでは、やれることは全てやったという思いがある。選手もコーチ陣も、やるべきことを徹底して遂行してくれた。だが、それでも優勝できないという現実に直面し、「ここまでやっても勝てないときがあるんだ」ということを実感していた。優勝は実力だけでは勝ち取ることができない。運も実力のうちと言われるが、その運を呼び込んでくることができなかったのだ。そんなことを強く感じたシーズンだった。

敗戦後の記者会見で、エースである比江島慎に対して、「自身に足りないものは何だったと思うか？」といった質問が飛んだが、慎の良さを引き出せなかったのは僕の責任であり、勝てなかった責任を取って、僕はこのシーズンでＨＣを辞めようと考えていた。優勝だけが全てではないけれど、結果を残せずに何年もＨＣを続けさせてもらうのは、違うのではないか。そう考えていたからだ。

しかし、シーズン終了後に長くチームを引っ張ってくれた主力の外国籍選手２人の移籍が決まり、メンバーが少し変化することを知り、また違った気持ちでチームに向き合えるのではないかと思うようになった。

こうして、２０２１－22シーズンもＨＣを引き続きやらせてもらうことにした。

「厳しさ」があってこその「自由」

何をやるにしても、基礎と方向性を考えるのはHCの仕事である。HCになって最初の4年間は、こうしたことのほかに戦術も全て自分が考え、全てに指示を出さなければいけないと考えていた。そのためにもインプットが重要で、本を読んだり、映像を見たり、ほかのスポーツを参考にしてみたりと、本当にさまざまなところから情報を得て、いろいろなことから使えそうなものを取り入れた。当時の僕は、戦術をたくさん持っていることがコーチの評価につながり、それがステータスだと考えていたのだ。

しかし、このシーズンはこうした考えを、一度捨てることにした。つまり、「1人で指示を出すのはもうやめよう」と思った。

これまで少しずつ積み上げたものが最高点に達し、これ以上はないと思えるほどの状態で迎えたシーズンで優勝できなかったという事実を自分なりに受け止めた結果、今までのやり方を変えた方がいいのではないかと考えるようになり、これからは2人のACの力を借りて、「彼らと一緒に取り組んでいこう」という考えに変わったのだ。

練習メニューも、これまではほぼ自分1人で決めていたが、そうした部分もACに任せることにした。これはACに責任を共有してもらうという意味合いもある。僕自身は、何かあったときに責任を取る覚悟はあるが、ACたちだって、きっとやりたいことがあったはず。だから任せられる部分は任せることにした。

最初はACと僕とで、それぞれどこまでやるべきかという部分で混乱した時期もあったが、それも次第に慣れていき、問題なく進めることができた。ただ一つ気掛かりなことがあるとすれば、選手の反応だ。ずっと自分がやってきたことをAC陣に任せることで、「HCは何もしないじゃん。やる気ないのかよ」と選手たちに思われているんじゃないかという不安は、ずっと抱えていた。

また、ACに任せる際にも注意が必要で、ACたちが「自分の方が正しい」という思いが強くなり、HCの意向とはまるで違うことをやってみたり、自分のやりたい方向に選手を引っ張っていこうとしてしまうこともある。僕自身もAC時代、HCへの信頼が薄れてしまい、自分の方が正しいと思ってしまうときもあったが、それではチームがうまく回らない。だからACに任せる際は、HCとの関係性をきちんとつくれていないと、チームがバラバラになってしまうこともある、ということを頭に入れておかなければいけない。

幸い、ブレックスのAC陣はそういうことはしなかったし、彼らとは常にコミュニケーションを取っていたので、安心して任せることができた。

時には、選手たちにディフェンスの守り方を決めさせたりもした。「Aの守り方とBの守り方があるけど、やりやすい方を自分たちで決めて」と判断を委ねるという方法だ。それまではコーチ陣がディンフェスの守り方を決め、選手たちは指示されたことを遂行するだけだったが、それではやらされているだけに過ぎない。だが自分たちが決めたことであれば、遂行しようとする意識が高まり、良い結果につながることが多かった。

これが可能だったのは、ブレックスの選手たちとはもう何年も一緒にやってきて、お互いに信頼関係が築けていたからできたことだった。それまでに積み上げてきた「厳しさ」という土台があり、その上で「自由」にやらせる。選手も、ただ楽な方、守りやすい方を選択するような選手たちだったら、僕も彼らに任せることはしなかっただろう。でも選手たちの考え方は理にかなっていて、きちんとした答えを導き出してくれるという信頼があったからこそできた。当時のブレックスは、選手たちのレベルがそこまで辿り着いていたということでもある。

こうしたことは、「自分たちで考え、解決させる癖をつける」という部分でも、とても意味があったと思っている。試合中は、一刻一刻と変わる状況の中で瞬時の判断が求められるが、その都度、タイムアウトを取ってベンチから指示を出すわけにもいかず、結局は選手自身がその場で臨機応変に判断することが求められる。いつまでも言われたことをただやっているという状況ではその上にはいけないと思い、「毎回僕たちの指示を仰ぐのではなく、自分たちで解決するように」と話した。

すると、コート上で選手たちが自らハドルを組み、意見を出し合うようになったのだ。以前は、僕が鬼の形相でタイムアウトを取り、黙って威圧感を与えていたが、そんな必要はまるでなくなっていた。

僕自身は、ここまで辿り着いた選手たちを心の底から誇りに思っていたし、「本当にこのチームは良いチームだな」と実感するようになった。次第に勝った試合の後は素直に喜ぶことも増え、記者会見では選手たちを褒めることも多くなった。

こうした変化を見た人たちからは、「鬼軍曹が仏になったね」などと冗談交じりに言われることもあったが、4年間厳しいことをずっとやり続けてきたことで、何も言わなくても選手たち自らが気づき、修正できるようになり、そこまで厳しくする必要がなくなった、というのが理由の一つ。

もう一つは、「楽しみながらバスケットをしよう」というように、僕の考え方が変化したことも大きかった。

僕としては、「HCはずっと怒っているから、絶対、見返してやろう」というように、厳しくすることで、対HCという図式が出来上がり、選手同士の一体感がより強まる要素になることもあると思っている。もちろん、選手たちと仲良くやっていくコーチがいてもいいと思うが、僕はどちらかというと厳しいコーチだったので、結果を出していくことで絆が深まっていく、そうしたことが正しいのだと思っていた。

ただ、そうやって厳しさを追求した挙げ句に結果が伴わなかった場合、ただ、きついことを言ってるだけになってしまい、信頼を得るという意味では難しい側面も出てくると感じるようになったのだ。とはいえ、ACの2人にも厳しさはあるので、厳しさが全てなくなったわけではなかったが、僕自身のスタンスとして、「ここまで厳しくやってきたのだから、選手たちには気持ち良くプレーしてもらいたい」と思うようになったことが大きかった。

使いたいのは「うまい選手」よりもチームの方針に沿って頑張れる選手

チームに長く在籍している選手の場合、僕の考え方や目指すチーム像を理解しているので、特に問題になるようなことはなかったのだが、気をつけなければならないのは、新加入の選手や若い選手たちだ。一緒にやってきた期間が短いと、僕が目指すチーム像はおろか、「個人」ではなく「チーム」を第一に考えるということを理解するまでに時間が掛かることが多く、そうした選手にとっては、自分が試合に出るか出ないかが最優先事項になっており、「自分が活躍しているからもっと出たい」という感情でいることが往々にしてあった。

僕の立場からすると、その選手のプレーの善し悪しだけでメンバーを替えるわけではないのだが、それが理解できず、気持ちが不安定になってしまう選手も存在する。

そんなときは、話し合いの場を持つようにした。

一度、プレータイムに不満を持っていたであろう、ある選手をベンチに下げた際、僕が手を出してもハイタッチもせずにベンチに戻ることなどが続いたため、試合が終わった後に僕のところに呼んで、話を聞いたことがあった。僕は、なぜプレータイムが少ないのかを説明した上で、「不満があるなら、はっきりと言ってほしい。でも、リスペクトがない行動を取り続けるのなら、もう使わないよ」と話した。

実際、僕自身はとても迷う。リスペクトのない態度を取られても試合に出す必要があるのだろうか、と。でも、それは自分だけの感情で、チームにとって良いかどうかはまた別の話なので、感情に任せず冷静に判断するようにしている。そこで、まずは自分からコミュニケーションを取りに行き、きちんと自分の考えを伝え、相手の思いも受け止めて、お互いの考えを理解するようにしている。そうした話し合いの場を設けても、「もう、いいです」というように、まるきりシャットアウトするような態度を取った選手は過去に1人もいなかったが、もし話し合いをしても解決できないのなら、最終的には試合には出さないという判断をすることもやむを得ないと思っている。

チームをまとめる際に、全員が100％満足しているなんてことはなく、大なり小なり全員が我慢をし、全員が犠牲を払っている。それは、全てチームのためを思って受け入れてくれているのであり、ただ1人、それを受け入れられないというのなら、もう仕方がないと思う。

逆に、HCの立場から使いたいと思うのは、決して「うまい選手」ではなく、自分たちがやろうとしていることを常にやり続ける意識がある選手だ。たとえそれほど能力が高くなくても、ディフェンスだけがむしゃらに頑張る選手がいれば、僕は使いたいと思う。長い時間コートに出せばミスをする可能性もあるが、短い時間だったらどうにでもなる。時間を決めて出すという方法を取れば誰を出してもそれほど大差は生まれないので、与えられた時間に頑張って少しでも結果を出してくれれば、プレータイムは少しずつ長くなっていく。

やはり、チームの方針に沿って頑張っている選手は、チャンスを与えたいと思うのがHCとしての正直な気持ちではないだろうか。

僕がポイントガードというポジションだったことも影響していると思うが、僕が選手のときは、考えてバスケットをすることが自分の武器だったが、HCになって思うのは、選手はさまざまなタイプの人間が存在し、同じように「考えてバスケットをしろ」と言っても、考え過ぎてかえってうまくいかない選手も多いのだと気づいた。

これは、自分が頭の中で描いたイメージと選手たちの実際のプレーにズレが生じてしまうというケースだ。僕はただ見ているだけなので、プレーしている彼らからすると、「言われた通りにやっているのに、何となくしっくりこない」という感情を抱くようで、それが原因で選手本来の良さが失われてしまうこともある。

そうした場合、人によって教え方を変えることが必要になる。理解できそうな選手には細かな指示を出すが、理解力にそこまで長けていない選手には理解できる範囲のことを教える。そうやって指示の仕方、深さ、広さを調整する必要がある。また、能力が高く、自由にプレーさせるとうまくいくという選手を型にはめ過ぎると、その選手の良さを殺してしまうということにもなりかねず、そのバランスについても十分考慮が必要となる。

もう一つ、HCとしてやっていく中で学んだことは、自分の持っている戦術の幅を見せつけようとして、ちょっと変わった戦術をやらせようとしたときなどに、それが仇《あだ》になることがあるということ。HCになって最初の頃は、タイムアウトのたび、またオフェンスになるたびに戦術をボードに書いて指示をしていたのだが、ボードに書いたことをいきなりコートで実践するというのはやはり難しく、うまくいかないこともあった。そのため、次第に戦術を書かなくなっていった。

戦術を書く場合でも、あまり難しいことはせずに、自分たちがすでに持っているものをベースにしてどこかに逆転の発想を入れるというように、一部分だけ変えるようにした。つまり、簡単なもの、よりシンプルなものでないと、その場で実践するのは難しいということを学んだ。

こうしてスタートした2021－22シーズンだったが、レギュラーシーズンの前半戦は苦戦を強いられた。

これまで、レギュラーシーズンは1位か2位で終了し、早々にCS出場を決めることが多かったが、このシーズンはなんとワイルドカードで、ギリギリCSに滑り込んだ。つまり、CS出場チームの中では最下位の位置からのスタートだった。当然、試合は全てアウェーの地で実施された。

「とりあえず、1勝できれば……」。そんな気持ちでCSを見守っていたファンも多かったことだろう。しかし、ブレックスはアウェーで無傷の6連勝を挙げ、見ている人の大多数からすると、〝まさかの優勝〟を勝ち取ったのだった。

前シーズン、完璧と思えたチームでも優勝することができなかったのに……。

前シーズンとの大きな違いは、全員がリラックスして試合に臨めたことだった。前シーズンのファイナルは、自分の経験の無さもあり、また厳しさを突き詰めた先の集大成という思いが強く、「絶対に結果を残してやる」「自分がやってきたことが正しいと証明したい」という気持ちが強くなり過ぎて、ガチガチに凝り固まっていたのだと思う。それは、選手も同じで、全員が「勝たなくちゃ」というプレッシャーの中で試合に臨んでいた。そんな状態で、勝てるはずもなかった。

でも、このシーズンはそうしたプレッシャーから解放されていたのだ。何と言っても、ワイルドカードからの出場で、アジア枠も帰化枠の選手もいないのだから、いつ敗れてもおかしくない状況だ。バスケットファンの大多数が、ブレックスが優勝するとは思っていない。そんな状況と、前シーズンのファイナルでの経験のおかげで、選手たちは前シーズンのような硬さから解放され、試合前だというのに笑みがこぼれるほどリラックスしてティップオフを迎えることができた。

いわば、無力の勝利だったように思う。

ただ、誤解してほしくないのは、これは過去4年間の土台があってこそ可能だったということだ。これまでに積み上げてきたものが礎としてしっかりとあった上で、リラックスして試合に臨む。これが理想のスタイルだったのだと、今は思う。恐らく厳しさを追求した4年間がなければ、成し得なかっただろう。

自身の役割を受け入れて全うできる人間が多いほど結束力は増していく

トップリーグで3度優勝をしたことで、あらためて確信したことがある。それは、自分の役割を受け入れてチームのために徹することができる人間が多ければ多いほどチームは結束力を高め、結果が出る可能性が上がるということ。反対に、自分のことばかり考えている選手が多いチームは勝てない。これは、僕の経験から導き出された気づきであり、そこに絶対的な確信を持っている。

例えば、優勝が懸かったような大事な試合であればあるほど、全員が「勝ちたい」という気持ちになるはずだ。そういう瞬間に、「自分の見せ場をつくりたい」とか、「どうやって自分が得点を挙げようか」などと、自分のことだけを考えながらプレーしている選手がいるだろうか。つまり、本気で勝利をつかもうとする瞬間には、全員がチームの勝利を第一優先にするはずである。一度でも、そうした経験をしたことがある選手たちは、その感覚が頭や心に刻まれるものだ。

「全員が力を合わせて一つの勝利に向かうことの充実感と楽しさ」。それがチームスポーツの醍醐味であると同時に、それを一度でも味わった人間は、またそうした感覚を味わいたくなる。もちろん、個人としては「プレータイムが少なかった」「あそこでミスをしてしまった」など悔やまれる部分もあり、全てが満足とはいかないこともあるが、そうした部分をはるかに凌駕するほどの達成感を味わえるのが、「やはりチーム全員で」勝利をつかんだ瞬間ではないだろうか。

逆に言えば、CSやファイナルという緊迫した舞台での経験が少ないチームは、そのような状況で、「チームでどう戦えば勝利につながるか」「チームの勝利のために自分の役割にどう徹するか」という感覚になりづらいこともあるのではないだろうか。そうすると必然的にトーナメントを勝ち進むことが難しくなり、そこでシーズンが終わってしまう。安定して結果を残していけないチームの共通点は、そんなところにもあるような気がする。

結束力に欠けるからファイナルに行けないのか。ファイナルに行くという経験をしていないから自分のことだけしか考えられないのか。そのどちらなのかはわからないが、目標に達する前にシーズンが終わってしまうチームの共通点は、そんなところにあるように思うのだ。

そうして、最後に付け加えるならば、「戦い方を知っている」ということも大きなポイントになるだろう。ブレックスは、プレッシャーでガチガチに硬くなり、思うようなプレーができずに終わってしまったファイナルを経験したことで、翌シーズンは、ある意味開き直りの境地を得て、全員がリラックスして試合に臨むことができた。失敗から得た学びは、必ずその後のチームの血となり、肉となり、チームの歴史に刻まれていくことになる。

そういった意味でも、CSに出るか出ないか、もっと言えばファイナルまで行けるか行けないかということは、チームにとっても選手にとっても、とても大きな違いになるということを忘れてはいけない。

たとえファイナルで負けたとしても、その悔しさを味わうという貴重な経験は、必ず大きな財産になる。だからこそHCはみんな、毎シーズン毎シーズン、ファイナルという大きな舞台を目指して長いシーズンを戦い抜くことができるのだ。

ここまで、勝つための経験の話をしてきたが、こういった経験を経て強く感じることがある。「勝ち負けよりも大切なことがあるのでは」と常々感じてきたが、ファイナルで負けたときも、翌シーズンに勝った後もこう思った。

「勝ち負けというのは年月が経つにつれ次第に薄れていくが、その過程をともに歩んだ仲間との絆は一生の宝物で、薄れることがない」ということ。

何十年後かにも笑いながら、当時の話をつまみに飲み明かすのだと思う（笑）。

チーム を率いる立場になってからは、チーム内に特別な人間を作らず、選手一人ひとりに対して注意深く目を配りながら、力強く一つにまとめ上げていく過程に心を砕いてきた。(写真・山田壮司)

第5章

新たなる野望

「どこで仕事をするか」より「誰と仕事をするか」が重要

2021－22シーズン終了後、僕はブレックスのヘッドコーチ（HC）を退任した。選手時代から15年間在籍したチームを去るのは寂しい気持ちもあったが、僕自身もチームも、変化がなければこの先の発展はない。これまでとは違う道に進み、新たなチャレンジをしていこうと考えての決断だった。

実はその前シーズン（2020－21シーズン）にファイナルで敗戦した後、ブレックスのHCを退任するつもりでいたのだが、鎌田ゼネラルマネージャー（GM）から「まだ優勝するチャンスがあるから、これからも一緒に頑張ってほしい」という言葉を掛けてもらい、もう1年頑張ることにした、という経緯があった。

それでも、シーズンが進む中で疑問を感じずにはいられなかった。

自分の指導法は正しいのだろうか。選手たちは、僕のやり方についてどう思っているのだろうか。

こう考えながら過ごした最後のシーズンは、新たな発見があった1年となった。自分が信じてきたバスケットだけが全てではない。そう気づけただけでも良い1年だったと思うし、最後にはリーグ制覇というご褒美までいただけた。

僕は新たな挑戦を求めて2022年8月、B2リーグの「越谷アルファーズ」のアドバイザーに就任した。アルファーズは、すでに桜木ジェイアール氏がスーパーバイジングコーチに就任しており、僕は一歩下がった立ち位置で、HC時代とは異なるアプローチに取り組むことになった。

実は、ブレックスのHC退任後は、しばらくHCをやるつもりはなくHCのオファーは全て断っていたのだが、今後どういう仕事をしようかなと思ったときに、僕の人生の節目でたびたびお世話になっていた閤師敏晃さんが連絡をくれたのだ。彼は、現在、越谷アルファーズの会長を務めており、「アドバイザーという形で、強いチーム、良いチームをつくるサポートをしてくれないか？」と声を掛けてくれたのだった。

僕はHCをするつもりはないが、チームづくりに携わるという形であれば力になれることもあるだろうと思えた。また、家族は今も変わらず栃木に住んでいるので、すぐに帰れる範囲の場所で仕事ができるというのも決め手の一つになり、このオファーを受けることにした。

B1でリーグ制覇を成し遂げた翌シーズンに、B2にステージを移すことについて多少抵抗はあったが、僕が重要視しているのは、「どこで仕事をするかより、誰と仕事をするか」という点だ。第3章で書いたように、闇師さんは僕が苦しんでいたときに救いの手を差し伸べてくれた恩人のような存在で、そんな彼のためにも力になりたいと思ったのが正直な気持ちだった。

そんなわけで、この1年はアドバイザーという立ち位置だったため、HC時代とはまるで違い、自分の意思で仕事を進めることはほとんどなかった。戦術や試合中のアジャストはジェイアールと2人で話し合うにしても、選手交代などは基本的にはジェイアールが行うという役割り分担で、少し引いた位置からチームを見るような存在になった。

だから、余計にいろいろな部分を俯瞰で見ることができたのかもしれない。

B2と言えどバスケットボールをしていることには変わりはない、こう言われれば確かにそうなのだが、いろいろな面で違いを感じることも多く、やっぱりB1に戻りたいと思ったことは一度や二度ではなかった。正直、B1のトップチームとは、カルチャーもメンタリティも違う。周りのサポートも地域とのつながりも、会場の雰囲気も、観客の数も違う。そうした状況に物足りなさを感じることがあったのも事実だ。こんなふうに、ずっとモヤモヤとした感情の中にいた僕は、シーズンが終わる頃まで、翌シーズンのことはなかなか決められずにいた。

ただ一つだけはっきりと言えることは、翌シーズンもHCをやるつもりはないということ。少なくとも、その時点ではそう思っていた。

仮に、僕があと二十数年この業界で働かせてもらえるとするなら、急いでどこかのチームのHCになる必要性もないのではないかと思えたし、いずれHCを務めるにしても、今は違う視点で勉強したいという気持ちが大きくなっていた。その一つが、マネジメントだ。GMの勉強をしながら、もう1年アドバイザーとしてやっていこうかななどと、ぼんやりと考えていた。

その一方で、アドバイザーという、ちょっと引いた立ち位置、決定権のない立場をもう1年務めることに疑問を感じる自分がいて、結局なかなか決めきれずにいた。

そんな中で、コーチングスタッフの退任が決まった。新しくHCを探して呼ぶことも検討したのだが資金的な問題もあり、なかなか話が進まなかった。話し合いを重ねる中で、「本当は僕がやるのがいいんですかね?」と何気なくつぶやくと、閤師さんは「そうしてくれるのが本当は一番いいけどな」という返答。この会話がきっかけとなり、徐々にHCとして、またチャレンジしようという想いが固まっていったのだ。

僕はHCをやると決めて、真っ先にブレックスでACをしている町田洋介にLINEをした。彼がブレックスと次シーズンの話し合いを進めていたことも、残留の意思があることも連絡を取る中で知っていたのだが、自分の中の〝誰と仕事をするか〟と考えたときの一番手が、選手でもコーチでも苦楽をともにした町田だったため、そこを逃すことはできないという気持ちだった。彼自身も新たな挑戦を模索している、というような話もしており、ブレックスとの話し合いの末、アルファーズに来てくれることになった。

先ほど、「変化がなければ発展がない」と書いたが、これは僕のコーチの先輩でもある琉球ゴールデンキングスHCの桶谷大さんともよく話をしていることでもある。「コーチは4、5年でチーム、または立場を変化させることが理想的なのではないか」、と。

僕の場合、ブレックスでACを4年、HCを5年務めたが、それ以上、続けるのは難しいなと感じていた。なぜなら、変化がない組織や人間は、やがて衰退していくからだ。だから町田にとってもちょうど良いタイミングだったのかもしれない。そうやって環境を変えることが、町田自身にも良い変化をもたらすのではないかと期待している。

こうして2023−24シーズンからは、僕がアルファーズのHC兼アシスタントGMを務めることになり、町田にはより多くの権限を持たせたいという僕の想いもあり、アソシエイトコーチ（※HCに準ずる役職）に就任してもらった。

ただ単に勝利を目指すのではなくカルチャーをつくり上げることが大事

これからアルファーズで取り組むのは、単に勝てるチームをつくるのではなく、アルファーズのカルチャーをつくり上げること。それが僕にとって、新たなチャレンジとなる。

僕は上の立場の人たちにもはっきりと意見を言うので、一緒に仕事をする人には、それを受け入れてくれる度量のある人でないと難しい。「お前たちは、バスケだけをやっていればいいんだよ」というようなスタンスの人と仕事をするのはやりがいも楽しさも感じられないし、そういうチームは、はなから僕を雇うことはないだろう。

しかし、アルファーズの会長も社長の上原和人さんも、「このチームをどう成長させるか、カルチャーづくりという部分でも手を貸してほしい」と言ってくれた。

実際、バスケットの勝敗だけを任せられる優秀なHCはたくさんいるのだから、そこだけを求めるのであれば、僕のようなタイプの人間よりも素直に言われたことに取り組む人にお願いすればいい話だ。ただ、チームのカルチャーをつくるということにおいて、少なくとも僕はブレックスでの経験があり、〝全て〟とまではいかないまでも、ある程度どういう発言や活動をしていけば良いカルチャーがつくられていくのかがわかっている。何より、チームのカルチャーづくりにまたゼロから取り組めることに、僕自身がとてもやりがいを感じている。

ブレックスにはチーム創設時から在籍し、組織が大きくなっていく過程を見てきたので、その経験をアルファーズで実践したいと思う。とはいえ、カルチャーをつくるのはとても時間がかかるし、僕1人の力でそれを実現するのは不可能だ。そこで僕自身のことも、僕の仕事の仕方も理解してくれている町田にスタッフとして加わってもらい、ブレックスで長年一緒にやってきた喜多川修平にも選手という立場から新たなカルチャーづくり、強いチームづくりに手を貸してほしいと思い、このチームに加わってもらった。

一方で、これまでの文化が良い、正しいと思っているファンの方々や選手にとっては、僕がもたらす変化は、必ずしも好ましいことばかりではないかもしれない。しかし、チームのカルチャーを確立していかなければ、この先、チームが存続できない可能性だって出てくるわけで、実際にファンやスポンサーがいなくなってからでは手遅れになるため、今のうちに本気で変革していくことが必要になる。

アルファーズのファンの皆さんには、今後もチームが長く存続していくためには必要な変化だと受け止めてもらえたら幸いだ。


アルファーズのHCとして、最初に取り組もうと考えているのは「意識改革」だ。規律やルール、競争力に対する意識を変革したい。

具体例を挙げると、一つは「時間を守る、有効に使う」こと。アルファーズには練習の数分前に練習場に来る選手もいるが、僕から言わせれば、それは準備ができていないということにほかならない。そうした準備の部分から変えていく。また、ワークアウトやストレッチ、ハードワークをするための環境、もっと言えば練習に対する意識そのものも変革が必要だと思っている。

ただ流れ作業のようにシューティングしているのと、シュート1本で勝ち負けが決まるシチュエーションを想定して、試合で決めるためのシューティングをするのとでは、同じ数だけシュートを打っても身に付き方が全く違ってくる。シュート1本、ディフェンス1本、ルーズボール1本。そこに飛び込めたかどうかで勝敗が変わってしまう、負けたら終わりという試合を想定して、日頃からどこまで練習できるか。そのために、どれだけ1年間準備ができるか。どこまで自分を追い込めるか。チームで戦うとはどういうことなのか。こういうチームの基盤となることを、もっともっと追求していくことが必要だ。

アルファーズの選手たちはまだまだ成長過程で、練習では「それでB1に上がれるの？　このチームにその価値があるの？」と諭したりもする。「その価値をつくれるのはここにいる君たちしかないのだから、一人ひとりがそう思っていなかったら無理だよ」と。こう話すことで少しずつ意識を変えていけたらと思っている。

もう一つは、「当たり前のことをやり続ける」こと。ブレックスでは、経験のある選手、うまい選手、外国籍選手もしっかりと準備をして、練習や試合の前後にはワークアウトや体のケアに取り組んでいた。練習ではハードワークして競い合いながらも、チームのために自己犠牲を厭わない。互いにリスペクトがあり、助け合いながら成長していく。これが一つのカルチャーになっていた。

この、「リスペクト」「助け合う」という精神は実はとても重要なことだと思っている。

一般社会では「自己犠牲」という言葉は否定的な意味合いで使われることが多く、読者の皆さんにはあまりピンと来ないかもしれないが、チームスポーツにおいては必要不可欠な要素である。

例えば、ブレックスの比江島慎はかつて海外に挑戦したが、現地では満足なプレータイムを獲得できず、失意の中で日本に帰国した。疲れているだろうし、自信を喪失していたので、一度切り替える意味でも休ませるという選択肢もあったが、僕はバスケットで失った自信はバスケットで取り戻すしかないと思い、すぐに試合に出すことにした。

慎なら乗り越えてくれると思っていたし、そのサポートをすることがHCである僕の役目だと思っていたからだ。それでも彼1人だったら立ち直るのに、相当な時間がかかったかもしれない。だが、チームメート、チーム全体のサポート体制があれば、きっと乗り越えられるはずだと信じた。

何か辛いことがあったときに、仲間がいれば乗り越えられることがある。また、別の人間が落ち込んだときは、今度は自分が助ける側になることだってあるだろう。僕は、「何でもいいからとにかく自分を犠牲にしろ、ただ我慢しろ」と言っているのではなく、そうやって辛いことや壁に直面したときに支えてくれるのはチームメートであり、仲間であり、そうしたチームのため、仲間のため、会社のため、家族のために頑張ろうという気持ちになってほしいという想いを込めて、「自己犠牲とそれを評価できる組織」が良いチームだと、話してきた。

アルファーズは社員選手とプロ選手が混在しており、両者では考え方が違うためなかなか一つにまとまることは難しい状況だったのではと推測する。もちろん、仲良しでなければいけないわけではないが、苦しくなったときに助け合える存在は理想であり、競い合いながらもお互いを思い合える関係性をなんとか構築していきたいと考えている。

こうしたカルチャーを構築できれば、応援したいというファンが増えていき、選手たちはファンに何かを返そうという気持ちでプレーし、またチームに返ってくる。そこにこのチームでプレーすることの「プライド」が生まれ、全員がこのチーム名をつけているプライドを持ってプレーするようになっていく。こうした好循環が生まれていくと信じている。

また、先に書いた「自己犠牲と評価」はチームに関することだけではなく、クラブ全体、地域やファンとの関わりについても同じだと思っている。フロントスタッフは、選手のために頑張って良い環境をつくろう、多くのスポンサーを獲得しようという気持ちで仕事をすることがやりがいとなり、選手はそれに応えようとする。こうした「お互いにリスペクトできる関係性」を築いていきたい。これが僕の目指すチーム像である。

僕にこう思わせてくれたのは、2022―23シーズンのブレックスの戦いぶりを見たことだった。

数年ぶりにチャンピオンシップ（CS）出場を逃すなど、佐々HCにとっては本当に大変なシーズンだったと思うが、シーズン最終節にはファンの皆さんが会場を満員にして選手の背中を押していた。そのおかげだろう、最終戦を素晴らしい試合内容で勝利し、シーズンを締めくくることができた。

ブレックスが勝つことだけを標榜してきたチームなら、CSに進出できないとわかった時点でファンは離れていたかもしれない。実際、プレーオフ進出を逃した最初の優勝（2009―10シーズン）後の3シーズンは、観客がまばらになってしまった。しかし、今回はどうだろう。チームが苦境に立たされたときも会場は満員となり、ファンは大声援で選手を後押しした。選手たちも最後の1秒まで試合を諦めることはせず、見事勝利を挙げてシーズンを締めくくった。

今回、ブレックスを取り巻く環境を少し離れた場所から見た僕は、こうしたことを成し得たのは、このチームがつくり上げてきたカルチャー以外の何ものでもないと実感した。それは、選手やコーチ陣などチームに携わった人間だけでなく、ファンの皆さんも一緒に成長していった証だと思う。

ここまでのチームをつくり上げるには一朝一夕にはいかないことも十分、承知しているつもりだが、僕はとても感動して「こういうチームをつくりたい」と心底思った。

現在、ブレックスのHCを務める佐々とは、コーチ講習会で同じグループになったことがきっかけで仲良くなった。僕がブレックスのACに就任した際、佐々自身も新しいチームを探していたタイミングだったため、僕がブレックスに誘ったという経緯もある。

佐々は僕よりも年齢は下だがコーチ経験が長かったこともあり、コーチとはどうあるべきかという僕自身のコーチとしての基礎は佐々から学ばせてもらった。

例えば、映像のつくり方や試合のどの部分を取り上げて選手に伝えるか。また、最後まで選手たちに付き合いワークアウトを行う重要性などは、彼の姿を見て学んできた。だから、一緒にACを務める中でブレックスの基盤を築いてきたと感じているし、その後、彼が琉球ゴールデンキングスのＨＣに就任し、僕が率いるブレックスと対戦するときなどは、前日からワクワクが収まらなかった。

そんな彼が、琉球を辞めることになり、また僕と「一緒に仕事がしたい」と言ってくれたときは本当に嬉しかった。ともに良いチームをつくり、優勝できたことは一生忘れることがない喜びだ。

佐々にはブレックスのＨＣとしてますます飛躍してもらいたいと期待しているし、陰ながら応援している。

プロセスを大切にしているチームは勝利から遠ざかっても人が離れない

アルファーズはB1に昇格するという大きな目標があるが、そうした目標以前に、まずは多くの人に応援され、愛されるチームをつくりたいし、とにかく会場をファンでいっぱいにしたいと思っている。

しかし、これは僕たちチーム側の人間だけでは達成できないので、フロントと力を合わせて、チームの認知度を上げることに徹するつもりだ。積極的にイベントに参加するなど、ブレックスがそうしてきたように地道な活動を続けていく。

チラシ配りや朝の挨拶運動など、僕からするとできることはまだまだあるのだが、アルファーズの選手たちは、そうした意識が欠けているようで、バスケットだけをするのが仕事だと勘違いしている選手も、これまでは多かったように感じる。お金を出してくれる人たちをどうやって集めるのかも自分たちの仕事だと、まだ理解しきれていないのだと思う。実際、こうしたことを理解して、組織全体で取り組んでいるチームは人気があるし、逆にそういう意識がない、もしくは意識があっても実践できていないチームは入場者数も少ないように思う。

さらに、現在のアルファァーズは、協会や行政、スポンサー、ファンとの関わりなどもまだ確立されておらず、各所との関係性を構築していくことも必要だろう。「結果」だけを目指すチームは、負けだすとあっという間に人が離れていくことが多いが、「プロセス」を大切にしているチームは、たとえ勝てない試合が続いても人が離れていくことはない。僕は、そんなチームを目指している。

HCという職務に関して言えば、第4章で書いたような指導法は自分独自のもので、誰かのやり方を参考にはしても真似をしたということはあまりなく、それが最良の方法だったのかどうかは今も答えが出ない。というか、一生出ないのではないかというのが正直なところだ。ブレックスを出たのも、宇都宮でやってきたさまざまなことが、結果的に正しかったのかどうかを別の角度から見るためだった。その中で、強いチームをつくるためには、ある程度の厳しさは必要なのだとあらためて気づいた。自分がしてきたこと全てが正しかったとは思っていないが、正しいやり方の一つだったのかもしれないと、アルファーズに来てやっと思えるようになった。

もう一つ、このチームに来て明確になったのは、やはり大切なことは言い続けないと癖づけできないということだ。僕は、何度も何度も同じことを繰り返し言い続けることをあまり苦だとは思わないタイプで、そういう点では「継続させる能力」は持っていると自負している。

ブレックスでは、練習中に気づいたことがあればすぐにプレーを止めて、その場で注意をしたりやり直しをさせたりしたのだが、そこに「気づけること」も能力の一つだとわかった。

例えば、コーチの中には「言っていることができていないのに、なんで練習を止めないの？」と聞くと、「止めづらい」と答える人もいれば、そもそもできていないことに気づいていない人、止める必要がないと思っている人もいる。それでは、駄目なことをずっと選手たちにやらせていることになるため、練習の意味が半減してしまうのではないだろうか。選手たち自ら考えさせることも必要ではあるが、特に最初の時期は、コーチ陣がいち早く気づき、修正し、正しい方向に導くことが必要なのではないかと思う。

ブレックスは、僕と同じ感覚の人間が多かったので自分がどういうコーチなのか自分ではっきりと理解していなかった部分が大きかったが、アルファーズに来て新しい環境で、新しいメンバーと仕事をした際に、これが当たり前ではないのだということに気づくことができた。

アドバイザーという立場で見えてきたこうした課題、自分なりに改善の必要があると感じられた部分から、まずは一つひとつ変えていくことが当面の取り組みになる。

これからの一年は、僕自身はカルチャーづくり、メンタリティづくりにフォーカスし、戦術などのコーチング部分については、僕の考え方の下で、ある程度ACに任せる部分を増やしていき、コーチ陣と一緒に取り組んでいきたいと考えている。

以前は、多くの戦術を持っていること、また、どの局面でどういった戦術を使うのかがコーチの評価につながると思っていたが、今の自分にはそういった部分で評価されたいという欲求はあまりない。今はアルファーズのカルチャーづくりにより注力していきたいというのが正直な想いである。

「この人と一緒に仕事がしたい」と思ってもらえるようなコーチに

2016年にBリーグが誕生してから、日本でバスケットボールというスポーツが盛んになっていったことは素晴らしいことだと思う。スーパーリーグ、JBL（bjリーグ）、NBL、Bリーグと、国内バスケットボールの環境が目まぐるしく変化する中で、徐々にチーム数も増え、そこに携わる人間も増えてきた。純粋に日本人選手の技術も上がっているし、今後は、さらに海外から優秀な選手を獲得することも多くなるだろう。しかしこの状況がいつまでも続くという保証はどこにもない。現状に甘えているだけでは、この勢いもすぐに衰退してしまう。そのためバスケットに関わっている人たちが、責任を持って発展させていくことが重要になっていくと感じている。

２０２３年7月、世界と伍するリーグを誕生させ、そしてバスケットボールを国民的スポーツにするため、Ｂリーグは「Ｂ・革新」と言われるリーグ構造の改革案を発表した。これまでＢ１、Ｂ２、Ｂ３に分かれていたディビジョンが、26年からスタートする新リーグでは、新Ｂ１の名称を「Ｂリーグプレミア（Ｂプレミア）」、新Ｂ２は「Ｂリーグワン（Ｂワン）」、新Ｂ３を「Ｂリーグネクスト（Ｂネクスト）」に変更。Ｂプレミアは、ロスター、オンザコート（同時にコートに立てる外国籍選手の人数）なども変更予定という。これからまた審議を重ねて変化していく部分もあると思うが、どういうリーグになっていくのか、純粋に楽しみである。

こうした「Ｂ・革新」に合わせ、さまざまなチームが新アリーナの建設を進めているが、その先駆けとなったのが、沖縄アリーナだ。僕はこのアリーナで試合をすることはできなかったが、先日、別の仕事で行く機会がありじっくりと館内を見学させてもらったが、とても素晴らしい施設だった。

可動式の客席のほか、最高の環境でエンターテインメントを楽しめる「スイートルーム」が30室もあり、4カ所の「ラウンジ」も併設。天井からつり下げられた５１０インチの大型「メガビジョン」は、離れた客席からでも迫力の映像でイベントを楽しむことができる。試合のない日はアーティストのコンサートを開催しており、最新の照明設備も完備されている。まさに国内最高峰のエンターテインメントを体感できる施設となっている。

現在、B1リーグに所属するチームは、26年からスタートするBプレミア参入を目指していると思うが、ここに参入するためには「売上高12億円」「入場者数4000人」「収容人数5000人以上など基準を満たすアリーナ」の主要3条件が求められている。


Bプレミアのオンザコート数が変更になり、より多くの外国籍選手が活躍できる状況になった場合、プレータイムを求める日本人選手が、あえて下部カテゴリーのBワンに移りプレーしようと思うのではないか、という懸念もあるが、現在のBリーグでもチーム数が増えたことで、ある程度の選手であればどこかのチームには所属できる状況であり、失礼ながら能力がそれほど高いとは言えないような選手にも高い報酬が支払われているケースもある。

こうした部分をスッキリ改善できるかどうかはこれからにはなるが、カテゴリーを明確にすることで、「Bワンでプレーするよりも、やっぱりBプレミアでプレーしたい」と思わせる価値を明確にできるかがキーになると考えている。それが実現できれば、Bプレミアでのプレーを目指す選手がますます増えるのではないだろうか。

こうしてリーグがどんどん進化していく中で、しっかりとチームが生き残っていくためには、やはり地道な努力を続けて多くのファンを獲得すること、チームカルチャーを構築し、愛されるチームになることが必須だと思う。

新しいアリーナができたからといって、ファンが増えるわけではない。たとえ一時的に増えても、飽きられればいずれ去っていく。であれば、アリーナという建築物に頼るのではなく、チームの勝敗にかかわらずに応援し続けてくれるファンを増やしていくしかないのだ。

僕個人のことで言えば、

「あいつはブレックスというチームだったから勝てたんじゃないか」

シーズンが進むにつれて、こんなことを言われるだろうことも覚悟している。周りからどう思われようが、今の自分にとってはどうでもいい。見栄やステータスなど関係なく、自分のためになることは何かと考えて決断して選んだ道だから、たとえ苦しんだとしても後悔はない。あとは、目の前にある道をひたすらに突き進むだけだ。

人は全ての人間から好かれることはないし、好かれる必要もないと思っている。勝てば良いコーチかと言うとそういうわけでもない。だから僕は、「チームを勝たせられるコーチ」を目指すのではなく、「この人のために頑張ろう、この人と一緒に仕事がしたいと思ってもらえるようなコーチ」になることを目指していく。

将来的なことは全くわからないが、そのときに必要とされる場所で、必要としてくれる人たちのために頑張りたい。そのためにも、まずは目の前の仕事に全力で取り組み、必要とされる存在であり続けたいと思っている。

おわりに

僕は、2022−23シーズンが終わる頃まで、翌シーズンの自分の身の振り方を決められずにいた。

書籍出版の話をいただいたのは、ちょうど、そんな時期だった。

前の週は、「このチームはもう辞めよう」と思っても、翌週には「もうちょっと頑張ってみようか」という気持ちになる。そうかと思えば、「B1のチームに行けるのであればやっぱりそっちに行きたいな」と考えたりと、この1年の感情の起伏は、ヘッドコーチ（HC）をやっているときよりも大きかったように思う。

僕は、書籍を出版するという貴重な機会をいただいたことで、これまで自分のやってきたことや考え方をあらためて整理することができ、非常にありがたかった。

バスケットでチームマネジメントをしていると（というか、マネジメントをしているつもりはなかったが、いつの間にかそういうことをしていて）、それが評価されて、最近では企業や学校などで「講演をしてほしい」と言われることも増えてきたのだが、自分としては、一体、僕の経験の何が参考になるのか、バスケットの話が一般社会でどう役に立つのかが、さっぱりわからなかった。

でも、自分では当たり前だと思っていることが、周りからすると必ずしも当たり前ではないということがわかり、僕の経験や実践してきたことが誰かの役に立つのであれば嬉しいなという思いで、講演を受けることにした。この書籍も、そうした思いで出版を決意した。

自分がチームをまとめるためにしてきたことのほかに、僕の人生も赤裸々に書かせてもらったので、この本を読まれた方には先刻承知だと思うが、正直、失敗ばかりの人生で恥ずかしい限りだ。

ただ、そのときは明らかに失敗だと思っていたことが、後々になって「あれ、もしかすると失敗ではなかったのかもしれないぞ」と思うようになったりして、今となっては失敗があってこその今だと言えるようになった。

僕は、シュートを入れた回数よりも、外している回数の方が圧倒的に多い。できないことがあるから頑張ろうと思い、ひたすら努力をして、それが結果につながっていった。

失敗や挫折は誰にでも起こり得ることで、むしろあった方がいいとすら思う。それを10年後にも後悔のままで終わらせるのか、「あの失敗があったから、今がある」と言えるようにするのか。肝心なのは、失敗の後の自分の生き方にかかっている。

そのことにどこかで気づければ、その後の人生はだいたいうまくいく。

だから焦ることはない。

僕は、この本を読んだ人に、このことを一番に伝えたいと思っている。

社会に出ると、自分は強いと思っていても意外に打たれ弱かったり、ライバルのことを気にし過ぎたり、プライドが邪魔をして好きなように生きられなかったりと、どこか窮屈さを感じたりするものだが、僕の人生を知り、こういう生き方もあるんだと思ってもらえたら嬉しいし、少しは希望も湧いてくるのではないだろうか。

そう思ってくれる人が1人でもいるだけで、僕としてはこの本を書いた意味があると思っている。

最後に、この夏、日本中を感動の渦に巻き込んでくれたバスケットボール男子日本代表についてひとこと。

沖縄で開催された今回のW杯では、日本チームが新たな1ページを刻んだ。ヨーロッパの国に初めて1勝を挙げ、大会を通して合計3勝をし、2024年のパリ五輪への切符を自力で手に入れた。

トム・ホーバスHCは速い展開からのペイントタッチと3Pシュートを多用する戦術を用いて世界との戦いに挑んだ。

選手たちは選考の段階から激しく切磋琢磨し、個人の特徴を最大限出してチームに貢献していたし、チームスタッフは少しでも勝つチャンスを得るためにスカウティングから準備をして行った結果だと思う。

特筆すべきは「信じる力」だろう。

トムHCは常にその言葉を選手に投げかけ、選手たちも自分たちの力を信じて最後まで戦った。それが2試合の大逆転劇に繋がったし、信じたものをやり切った結果、目標に達することができた。

「信じる」というのは、言葉で言うより難しいことである。

それを1人ではなくチーム日本、応援してる人も含めて全員がやり切ったことの結果が大きな力を生み出したのだと思う。

2023年9月　安齋竜三

[著　者]

安齋 竜三（あんざい・りゅうぞう）

1980年、福島県生まれ。拓殖大学卒業後、大倉三幸、大塚商会を経て、bjリーグの埼玉ブロンコス（現・さいたまブロンコス）に入団。2007年に栃木ブレックス（現・宇都宮ブレックス）へ移籍すると2009-10シーズンからはキャプテンを務めチーム初優勝に貢献する。2013年、現役引退とともに栃木ブレックスのアシスタントコーチに就任。2016-17シーズンではB.LEAGUE優勝の一役を担い、翌シーズンよりヘッドコーチに就任。2021-22シーズンはヘッドコーチとしてもB.LEAGUE優勝を飾り、最優秀ヘッドコーチ賞も受賞した。2022-23シーズンより越谷アルファーズのアドバイザーとなり、2023-24シーズンからは同チームのヘッドコーチ兼アシスタントGMを担う。

[構　成]

藤井 洋子（ふじい・ようこ）

栃木県出身のフリーランスライター。ブライダルプランナーや地方情報誌、スポーツ情報誌の編集長を経て独立。2008年より栃木ブレックス（現・宇都宮ブレックス）の取材を開始し、2017年にはチーム創設から10年の歴史を綴った長編ノンフィクション『ブレックスストーリー　未来に続く10年の記憶』を出版。現在も定期的に取材を続け、自身の有料マガジン「B・CLUTCH」などで、宇都宮ブレックスの情報を発信している。

まとめ上げる力

2023(令和5)年 10月23日　初版第1刷発行

著　者　　安齋 竜三
構　成　　藤井 洋子
発行者　　錦織 圭之介
発行所　　株式会社東洋館出版社
〒101-0054　東京都千代田区神田錦町 2-9-1
コンフォール安田ビル 2F
（代　表）　TEL 03-6778-4343　FAX 03-5281-8091
（営業部）　TEL 03-6778-7278　FAX 03-5281-8092
URL　https://toyokanbooks.com/
振替　00180-7-96823

印刷・製本　　株式会社シナノ

ISBN 978-4-491-05374-5 / Printed in Japan